“十三五”职业教育城市轨道交通专业规划教材

Chengshi Guidao Jiaotong

城市轨道交通

Cheliang Guzhang Fenxi yu Chuli

车辆故障分析与处理

刘　敏　李友胜　主　编
周林颂　韦忠正　李　慧　副主编
申松林　主　审

人民交通出版社股份有限公司
China Communications Press Co.,Ltd.

内 容 提 要

本书为“十三五”职业教育城市轨道交通专业规划教材。全书主要分为7个项目，共计19个学习任务，每个学习任务包括任务案例、任务分析、任务实施、知识导航和巩固拓展等5个环节。具体内容包括：城市轨道交通车辆主牵引传动系统故障分析与处理、辅助供电系统故障分析与处理、控制系统故障分析与处理、车门控制系统故障分析与处理、转向架故障分析与处理、制动系统故障分析与处理、车钩缓冲装置故障分析与处理。

本书可作为高职、中职院校城市轨道交通专业教材，也可作为相关行业岗位培训或自学用书，同时可供城市轨道交通从业人员学习参考。

＊本书配有教学课件，读者可加入QQ群(教师专用)129327355免费索取。

图书在版编目(CIP)数据

城市轨道交通车辆故障分析与处理／刘敏，李友胜主编．—北京：人民交通出版社股份有限公司，2019.6

ISBN 978-7-114-15436-2

Ⅰ.①城… Ⅱ.①刘… Ⅲ.①城市铁路—铁路车辆—电气系统—故障诊断—职业教育—教材 Ⅳ.①U279.3

中国版本图书馆CIP数据核字(2019)第059387号

“十三五”职业教育城市轨道交通专业规划教材

书　　名： 城市轨道交通车辆故障分析与处理
著 作 者： 刘　敏　李友胜
责任编辑： 袁　方
责任校对： 刘　芹
责任印制： 张　凯
出版发行： 人民交通出版社股份有限公司
地　　址： (100011)北京市朝阳区安定门外外馆斜街3号
网　　址： http://www.ccpress.com.cn
销售电话： (010)59757973
总 经 销： 人民交通出版社股份有限公司发行部
经　　销： 各地新华书店
印　　刷： 北京印匠彩色印刷有限公司
开　　本： 787×1092　1/16
印　　张： 10.25
字　　数： 226千
版　　次： 2019年6月　第1版
印　　次： 2021年6月　第2次印刷
书　　号： ISBN 978-7-114-15436-2
定　　价： 32.00元

前言
FOREWORD

本书在编写过程中采用了工作过程导向、项目引领、任务驱动、问题引导等方法，贯彻了工作过程系统化，突出了“知识、能力、素养”为一体的一体化教学思想，落实了职业能力与职业素养培养目标。

本书主要内容分为7个项目，共计19个学习任务，涵盖了城市轨道交通车辆的电气系统、机械系统常见故障分析和处理。结合中、高职学校学生特点，设计的每个学习任务包括任务案例、任务分析、任务实施、知识导航和巩固拓展5个环节。整个过程注重实践，重在培养学生的动手能力和职业素养，将理论知识与实际操作相结合，并充分利用现代教学技术，理论知识图文并茂，简洁易懂，任务实施以技能培养为主线，将学、练、做、考相结合，可操作性强。

由于我国城市轨道交通车辆发展迅速，技术和设备在不断改进更新中，书中资料和相关数据与现场车辆设备可能存在差异，请在教学使用过程中注意更新相关知识。

本书由济南市技师学院（原济南铁路高级技工学校）刘敏、李友胜担任主编，济南市技师学院周林颂、韦忠正和济南轨道交通集团运营一公司李慧担任副主编，济南轨道交通集团运营一公司申松林担任主审。具体编写分工如下：项目一、项目二由刘敏、韦忠正编写，项目三、项目四由李友胜、周林颂编写，项目五由李慧编写，项目六由济南市技师学院郭怡坤编写，项目七由山东职业学院王秋敏编写。

本书在编写过程中，得到了青岛地铁、济南地铁、苏州地铁和广州地铁及厦门地铁等公司的大力支持，在此向提供帮助的有关专家表示衷心的感谢。

由于编者水平所限，书中不妥之处，敬请读者多提宝贵建议。

编委会

2019年3月

目录
CONTENTS

绪　论

电动列车司机和车辆检修员是城市轨道交通线路运营的重要参与者。他们的工作既要严谨、守时，又要有条不紊，以保证列车正常、正点、安全地运行在轨道线路上。一名合格的电动列车司机，不仅应具备独立驾驶电动列车的能力，而且应能在运营线路和非运营线路上独立从事电动列车的检查、试验、应急故障及突发事件处置等作业，当列车出现故障时，能对故障进行及时处理。

目前，绝大多数城市轨道交通线路均采用列车自动控制系统，这大大提高了区间列车的通行能力和运行安全性。列车自动控制技术可使列车实现自动驾驶、全程网络监控及自动保护，从而使电动列车司机的操作简单化、流程化。但这种技术对电动列车司机岗位提出了新的要求，例如，列车驾驶正在由双司机驾驶逐步转变为单司机驾驶，并对司机的专业知识、技能、心理素质、故障处理水平、操作水平提出了更高要求；另外，列车运行将逐步实现网络控制，司机操作列车变得简单，但对列车司机在列车网络控制以及出现故障时的处理能力有了更高的要求。

一、故障处理的注意事项

电动列车从功能设计到零部件选材、组装，都以确保列车行车安全为基本出发点。但任何设备都会出现故障，通过列车维保人员和使用人员配合，以保证地铁列车正常运营。列车正线行驶过程中出现的故障主要由司机进行应急处理，检修人员会安排正线驻站协助处理正线故障。电动列车司机在处理故障时，应注意以下几个方面。

(一)及时汇报

电动列车司机在正线上驾驶列车运行的过程中，应严格按照列车运行图规定的运行时刻操纵列车。当发生故障并需要停车处理时，应及时查明故障现象、行车情况并向行车调度员汇报。在正线上运行的列车多的时候会有几十辆，若有列车需要停车处理故障，占用行车区间，则有可能影响后续其他列车的运行。在这种情况下，必须有行车调度员根据司机汇报的情况，并结合线路实际状况，统一实施行车组织，保证乘客运输任务顺利完成。

(二)时间控制

城市轨道交通系统的计时单位是精确到“秒”的，因此电动列车司机的时间观念就显得尤为重要。

电动列车运营期间在正线出现故障无法动车时，会造成行车中断，这会对全线运营造成较大的影响。在运营高峰期间，前后车时间相差不到两分钟，一辆车几分钟的延误可能造成后续几十辆车的十几分钟甚至几十分钟的延误。因此，司机在处理故障时，必须做好时间控制，将故障影响控制在可控范围内。

(三)安全操作

电动列车司机在处理故障时，必须按照操作规范，安全合理地进行各项操作，在保证自身安全的同时，防止故障进一步扩大。例如：到车下作业业务必穿戴防护用品，并携带相关工具；断、合相关保险或开关前必须确保列车其他设备或元件在正确位置；故障处理完毕后，应结合列车实际运行条件，以合理的速度驾驶列车。

（四）“应急”为主

电动列车在运营过程中发生故障时，要求司机做到应急处理，即在有限的时间内根据实际情况，或消除故障对列车继续运行的影响，或对故障暂时没有很好的解决方法而通过处理使列车暂时维持运行，或请求救援。不论是哪种程度的故障，均要求司机对线路情况、现在部分地铁的电动列车维持运行的状态有清醒的判断，充分考虑故障的综合影响，尽量减小故障对正线运营秩序的影响。

二、故障处理的基本方法

为了减少电动列车故障的处理时间，提高故障处理效率，电动列车司机应快速分析和判断故障情况，合理运用电动列车各项功能，正确完成故障的应急处理。

（一）故障恢复法

电动列车的监控显示屏、仪表和指示灯是司机观察电动列车运行情况的重要途径。电动列车司机要能根据以上设备的显示内容，检查相关设备有无异常，确定故障发生的部位。例如：驾驶台上按钮和开关位置不正确、控制柜内保险开关断开等，可以通过恢复其状态和功能达到排除故障的目的。

（二）故障切除法

有些故障会直接影响电动列车的驾驶性能和安全性能，因此，我们应遵循“故障导向安全”的理念。在任何一个环节、任何一个点上检测到问题，电动列车系统都会按照这一设计原则，采取自动导向安全的应对措施。例如：列车限速运行或停止运行。电动列车司机要能通过故障现象准确查找故障点，通过切除故障设备、禁止其工作的方法来维持列车运行，减少电动列车故障对运营的影响。例如：单个车门不能关闭而影响发车时，可以采取隔离该车门的方法以确保列车继续运行。

（三）旁路法

电动列车的牵引控制电路、车门控制电路中一般都设有旁路开关，如果故障导致电动列车的某项功能不能实现时，可以采取短接旁路开关的方法实现必要的功能，以维持列车运行。例如：因继电器故障不能监测到全列车门是否关好，可以使用关门旁路。诸如此类的还有零速旁路、紧急制动短路开关、车门使能旁路等。

（四）重启法

目前的电动列车基本采用计算机控制、网络控制等技术，在控制信号或通信信号发生误差时，会造成信息传输紊乱，影响列车某些设备的正常使用。在这种情况下，可以采用重新起动列车或重新起动相关设备的方法来恢复相关功能。例如：乘客信息显示系统卡死，可以通过重启电源保险开关来消除故障。

三、常用检测仪表的使用

(一)万用表的使用

万用表可测量多种电学物理量。万用表按机构和原理可分为模拟万用表和数字万用表。在列车维护保养过程中,是经常使用的工具之一,特别是在电气电路检修中应用广泛。

1. 模拟万用表

模拟万用表又称磁电式万用表、指针式万用表、机械式万用表,其主要由表头、测量线路(红、黑表笔)和转换开关组成,可用来 测量直流电流、直流电压、交流电压和电阻等,如图0-1所示。

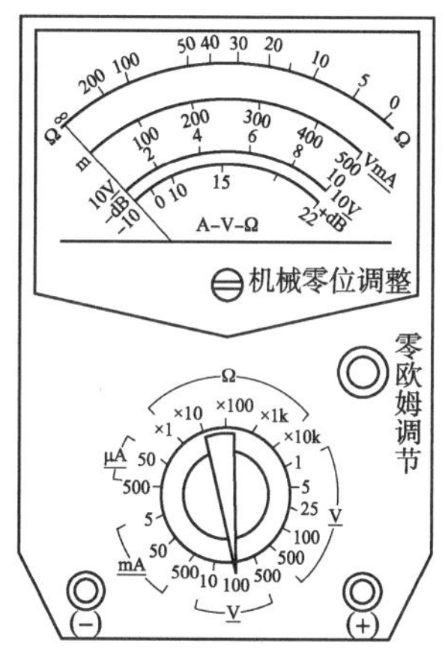

图0-1　M500模拟万用表面板示意图

(1)直流电流的测量

万用表一般有1mA、10mA、100mA三个直流电流量程挡,选择量程时应根据电路中的电流大小而定。若不知道电流大小,应首先选择最高量程挡,然后逐渐减到合适量程。测量直流电流时,首先断开电路相应部分,再将万用表表笔接在断点两端,红表笔接在和电源正极相连的断点,黑表笔接在和电源负极相连的断点。读数时,直流电流挡应读取相应挡位刻度线的数值。

(2)交流电流的测量

通常万用表仅设置1~2挡交流电流测试挡位,同时只适合于测量电源内阻较大或被测电路自身阻抗较高、频率为3kHz以下的低频电流。为了不影响被测电路的波形和工作状态,万用表的交流电流挡必须采用对称的全波整流方式。

测量时,在被测电路中串入一只低阻值的精密取样电阻器,再将万用表的交流电压挡并接于该取样电阻的两端,通过读出电阻两端交流电压的方法换算成被测电路的电流。

(3)电压的测量

测量交、直流电压时,应分别使用交流电压挡和直流电压挡,其量程的选择与测量电流相同。测量时,将万用表与被测电路以并联的形式连接上,红表笔接被测电路和电源正极,黑表笔接被测电路和电源负极,读出其电压值。

(4)电阻的测量

万用表一般有R×1、R×10、R×100、R×1k、R×10k五个量程。测量前,先将两表笔短接,同时调节“欧姆调零旋钮”,使指针刚好指到欧姆刻度线右边的位置。为了保证测量准确,每换一次倍率挡,都需进行一次欧姆调零。

使用注意:

①使用前要先调零。

②利用两个转换开关,选择测量电量及量程。

2. 数字式万用表

数字式万用表的结构和机械式万用表结构类似,使用的基本方法也相似,最大的区别是读数时可以直接在液晶显示屏上读取,有些高端的万用表在使用中可以实现自动量程功能,不必事先预判量程、选择量程。优点在于读数简单准确,功能多,测量速度快,输入阻抗高,功耗低等。但多数数字式万用表在测量电压时,因内部芯片过于敏感,易造成测量值的

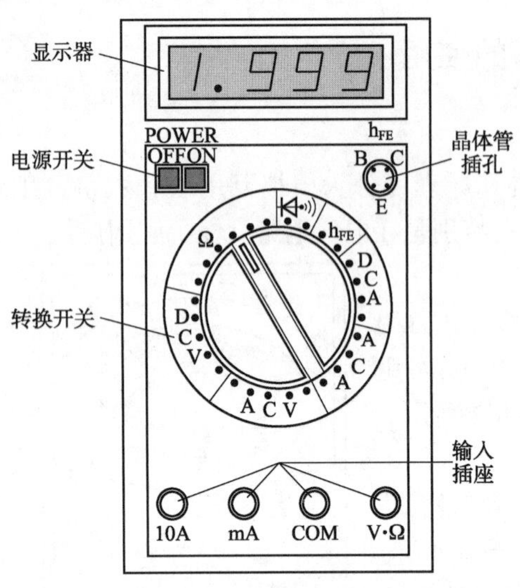

图 0-2　DT890 数字万用表面板示意图

波动。

数字万用表的测量范围：交、直流电压，交、直流电流，电阻，电容，检查二极管的导电性能，测量三极管的电流放大系数等电学物理量。

如图 0-2 所示，DT890 数字万用表的使用方法如下：

(1)电源开关使用时置于“ON”。

(2)转换开关根据被测的电量选择相应的功能位；按被测量的大小选择适当的量程。

(3)表笔插入相应插孔：黑表笔插入“COM”。红表笔在测量电压和电阻时，插入“V/Ω”；测量电流时，插入“mA”；被测电流大于 200mA 时，插入“10A”。

(4)直接读出被测数据。当被测量超过最大指示值时，显示“1”。

例如：测量电阻，转换开关转到“ON”选择适当的量程。读数为 80Ω。

DT890 数字万用表使用注意事项如下：

(1)严禁在测量高电压或大电流时拨动量程开关。

(2)被测交流电压、电流频率应为 45～500Hz。

(3)严禁带电测量电阻。

(4)使用完毕后，应将量程开关置于电压最高量程，然后再关闭电源。

(二)绝缘电阻仪(兆欧表)的使用

兆欧表是用来测量电气设备绝缘电阻的，计量单位是 MΩ。测量额定电压在 500V 以下的设备或线路的绝缘电阻时，可选用 500V 或 1000V 兆欧表；测量额定电压在 500V 以上的设备或线路的绝缘电阻时，应选用 1000～2500V 兆欧表；测量绝缘子时，应选用 2500～5000V 兆欧表，如图 0-3 所示。

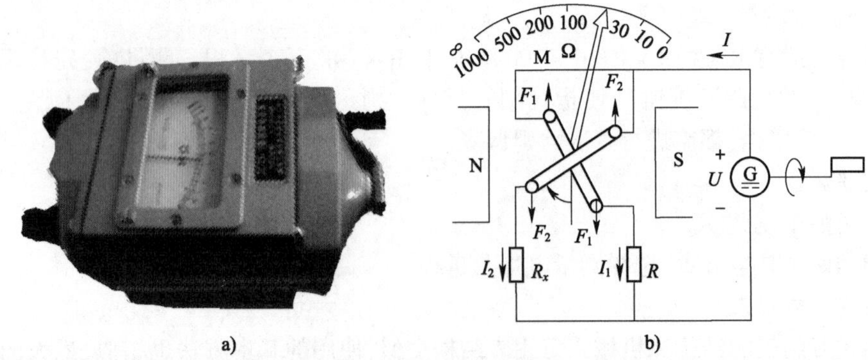

图 0-3　兆欧表测量原理示意图

1. 主要结构

兆欧表由比率型磁电系测量机构和手摇直流发电机两部分构成。

2. 测量原理

如图 0-3 所示，当 U 一定时，I_1 与 R 成反比，产生的转矩 M_1，I_2 与 R 无关，产生制动力矩 M_2；当转矩和制动力矩平衡时，表针指示被测电阻值。

3. 测量方法

(1)将兆欧表平稳放置。

(2)将被测电阻接入。

(3)均匀(额定转速)摇动发电机。

(4)指针稳定后，读取的数值即为被测绝缘电阻值。

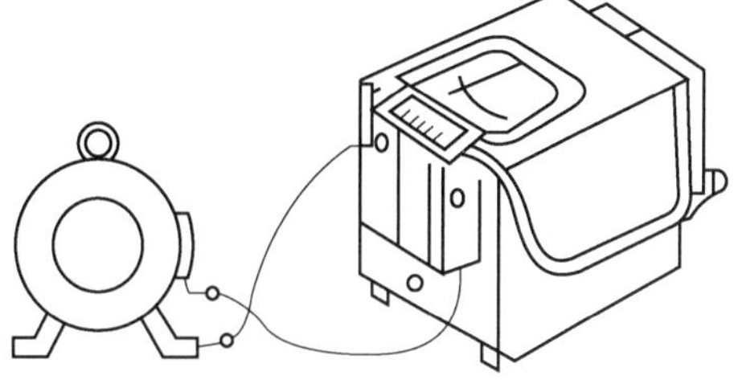

图 0-4　测量绕组与机座间绝缘电阻的接线方法

4. 接线方法

测量不同设备的绝缘电阻时兆欧表的接线方法如下：

(1)测量绕组与机座间的绝缘电阻(图 0-4)。

(2)测量导线线芯与外皮间的绝缘电阻(图 0-5)。

(3)测量电缆的线芯与屏蔽层间的绝缘电阻(图 0-6)。

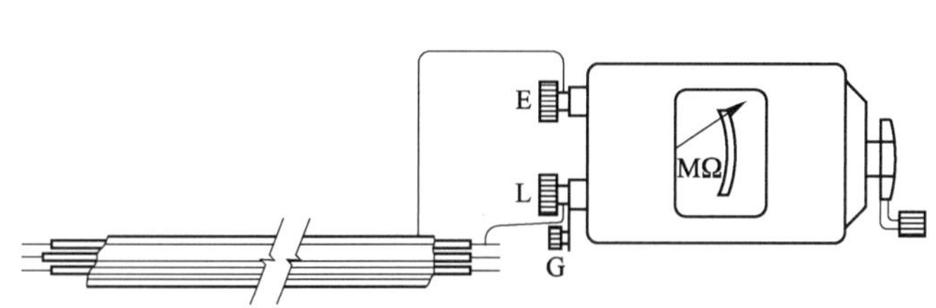

图 0-5　测量导线线芯与外皮间的绝缘电阻的接线方法

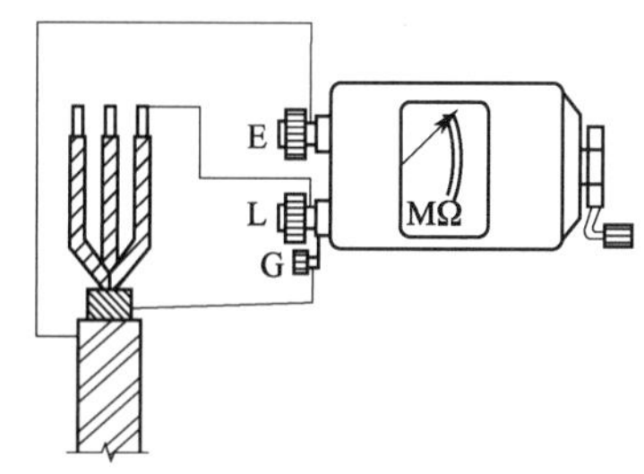

图 0-6　测量电缆的线芯与屏蔽层间的绝缘电阻的接线方法

5. 注意事项

(1)测量前要进行指针位调整。

(2)要切断被测设备的电源，并接地放电。

(3)测量时，兆欧表应远离大电流导体及磁场。

(4)使用手摇发电机测量时，应在额定转速下一分钟后再进行读数。

(三)棘轮扳手

棘轮扳手(图 0-7)，包括一扳手主体，该扳手主体头部的容置空间内配合设置卡簧、棘爪、弹簧和棘轮，其中，所述的棘轮由棘轮主体和隔套构成，该隔套为一外围设有凹环槽的圆环，该隔套配合套设于棘轮主体的一侧。

(四)套筒扳手

套筒扳手(图 0-8)一般称为套筒。它是由多个带六角孔或十二角孔的套筒并配有手柄、接杆等多种附件组成，特别适用于拧转位于十分狭小或凹陷很深处的螺栓或螺母。套筒扳手一般都附有一套各种规格的套筒头以及摆手柄、接杆、万向接头、旋具接头、弯头手柄等用来套入六角螺母。套筒扳手的套筒头是一个凹六角形的圆筒；扳手通常由碳素结构钢或合金结构钢制成，扳手头部具有规定的硬度，中间及手柄部分则具有弹性。

图0-7　棘轮扳手　　　　图0-8　套筒扳手

(五)扭矩扳手

扭矩扳手(图0-9)又称扭力扳手或力矩扳手(力矩就是力和距离的乘积),在紧固螺钉、螺栓、螺母等螺纹紧固件时,需要控制施加的力矩大小,以保证螺纹紧固且不至于因力矩过大破坏螺纹,所以用扭矩扳手来操作。首先设定好一个需要的扭矩值上限,当施加的扭矩达到设定值时,扳手会发出"卡塔"声响或者扳手连接处折弯一点角度(此时,如继续上紧螺栓、螺母不会受力,扭力扳手只能空转),这就代表已经紧固,不要再加力了。地铁列车螺栓连接部件很多,几乎所有的螺栓连接都有力矩要求。因此,各级维护保养过程中,扭力扳手的使用是很广泛的。

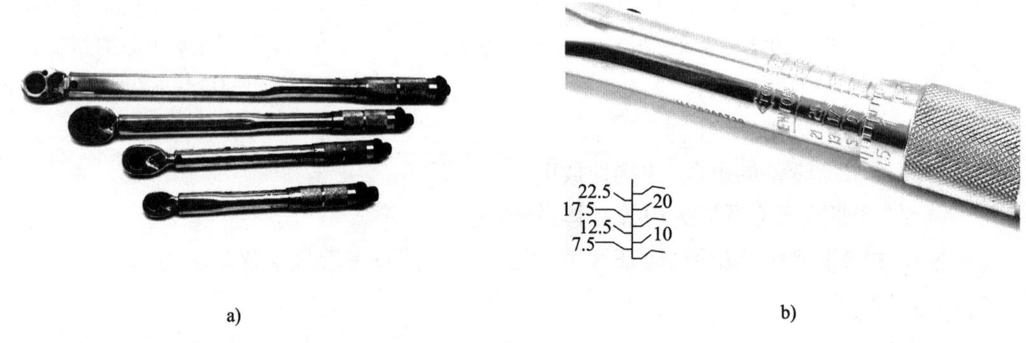

a)　　　　b)

图0-9　扭矩扳手

项目一　城市轨道交通车辆主牵引传动系统故障分析与处理

学习目标

1. 掌握受电弓、牵引逆变器、牵引电动机和牵引系统其他设备常见故障的故障现象和原因分析。

2. 掌握受电弓、牵引逆变器、牵引电动机和牵引系统其他设备常见故障的处理及预防。

本项目主要以日立公司的产品为例，学习牵引系统中受电弓、逆变器、牵引电动机及其他设备的常见故障现象判断和原因分析以及牵引系统的常见故障的处理方法和预防措施等。

任务一　受电弓故障分析与处理

任务案例

1. 根据受电弓实物(图1-1-2，二维码1)，指认其各组成部分。

2. 受电弓的认知和检修。

3. 受电弓的机械和电气故障处理。

二维码1

任务分析

牵引系统故障主要有受流器本体故障、VVVF逆变器故障以及控制电路故障等。本任务要对受电弓进行检修和故障处理，首先需要认知受电弓的结构特点、工作位置及工作原理，然后再重点练习检修和故障处理程序。

任务实施

1. 学习环境。

本任务学习在城市轨道交通车辆模拟仿真实训室，使用城市轨道交通车辆常用受电弓模型，条件允许的情况下，可增加地铁车辆B2型列车用的SBF920型单臂式受电弓、TSG18F型单臂式受电弓。

2. 学习步骤。

(1)分组讨论，以5~7人为一组完成工作任务。

①根据任务案例1指认受电弓结构组成，并分析其各部分功能。

②根据任务案例2和3组织归纳知识点。

(2)按照表1-1-1整理制订学习工作单。

学习工作单　　表1-1-1

工作单	受电弓故障分析与处理		
任务	1.受电弓的结构组成及各部分功能; 2.受电弓常见故障分析与处理		
班级		姓名	
学习小组		工作时间	
内容			

(3)小组内互相协助考核学习任务,组内互评;根据其他小组在成果展示活动中的表现及结果进行小组互评。

一、概　述

1.受电弓的安装位置

城市轨道交通车辆的受电弓为单臂、轻型结构。4M2T编组的电动列车,受电弓一般装于动车车顶。受电弓的安装位置应保证弓头升起后的正常工作位置位于转向架两根车轴中间,因为这时车辆在曲线上运行时所造成的偏移量最小,如图1-1-1所示。

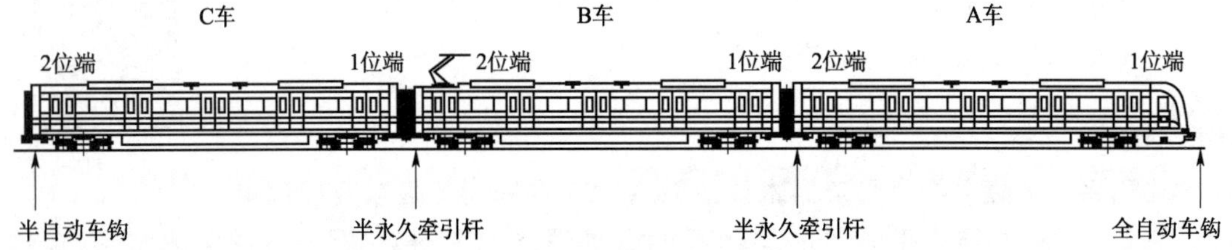

图1-1-1　受电弓安装位置图

2.受电弓的结构组成

受电弓主要由框架、集电头(含接触带)、压力弹簧、上部导杆、下部导杆、驱动装置和降低装置等组成,如图1-1-2所示。气动受电弓通过压缩空气可以升起受电弓,由电磁阀控制。如图1-1-1所示,如果压缩空气压力不足,B车车顶的受电弓就会通过弹簧自动回到降落位置。在这种情况下,用安装在B车2位中间端的电气柜中的脚踏泵使受电弓升起来,从而接触到架空电网。电动受电弓在无低压电源或低压电源欠压时,可以使用手摇升弓装置升弓。

二、受电弓的维修检查

受电弓是电动列车的关键部件,需要维修部门特别重视其运行状态。受电弓装置的检查要点有以下4个方面。

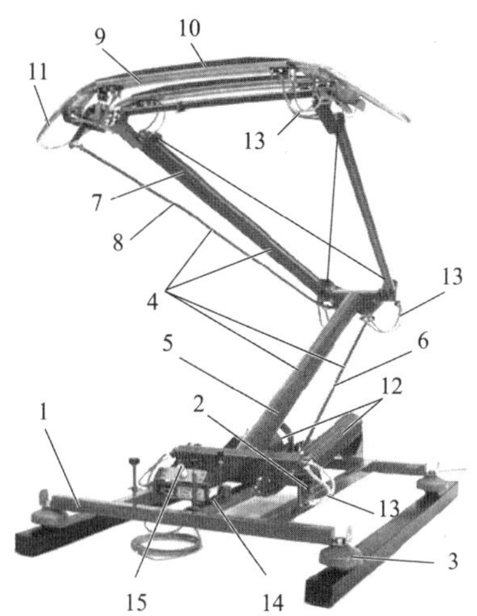

图 1-1-2 受电弓的结构组成

1-底架;2-高度止挡;3-绝缘子;4-构架;5-下臂;6-下导杆;7-上臂;8-上导杆;9-弓头;10-接触滑板;11-端角;12-升降装置;13-电流传输装置;14-锁钩;15-最低位置指示器

1. 检查的项目

(1)各紧固螺栓的松动情况。

(2)各接线(尤其是导流线)的紧固是否松动、有无断股等。

(3)碳滑板表面有无裂纹。

(4)绝缘子及绝缘气管有无裂纹。

(5)升弓钢丝绳有无断股。

(6)阻尼器有无漏油。

2. 清洁的部位

(1)绝缘子表面的清洁。

(2)避雷器表面的清洁。

(3)各绝缘气管表面的清洁。

3. 润滑的项目

(1)受电弓钢丝绳和滑轮有接触的地方需要进行润滑。

(2)平衡杆两端的活动关节处需要润滑。

(3)拉杆两端的活动部位需要润滑。

4. 重点测量调整的项目

(1)单个碳滑板水平度的调整。

(2)整体碳滑板整体水平度的调整。

(3)升降弓时间的调整,一般调整升弓时间为(8 ±1)s,降弓时间为(7 ±1)s。

(4)接触压力的调整,标准静态压力为 100 ~ 120N。

三、受电弓故障分析和处理

在运营过程中,受电弓是牵引系统中故障多发的部件之一。其中有受电弓本体的故障,也有控制电路、气路、机械方面的故障。受电弓本体故障主要表现为碳条故障:碳条断裂并脱落、碳条与支架分离、掉块超过截面宽度的1/3以及碳条有纵向裂纹等。

1. 碳条断裂并脱落

如图1-1-3所示,受电弓的碳条断裂并脱落,使受电弓的受流接触面积减小,而且受流情况会严重恶化。同时,滑板断口会导致接触网导线与滑板滑动不顺畅,严重时会引起弓网事故。

图1-1-3　碳条断裂并脱落

原因分析:每一个受电弓上有4条滑板,电客车在运行过程中承受的外力主要集中于外部两侧的滑板,由于这类脱落的滑板处于4条滑板的中间位置,因此判断外力冲击属于次要原因,主要原因为滑板自身质量。因此故障原因为原碳条与支架黏结不良,其在受到外力撞击后断裂并脱落。

2. 碳条与支架分离

若碳条与支架出现分离,其分离点会从滑板的端部向中间延伸,分离状态在端部表现最为明显。电客车在这种情况下如继续运行,碳条与支架分离的长度将进一步扩大,最终会导致碳条与支架完全分离或碳条断裂,从而引起更为严重的后果。

原因分析:滑板非完全直线形,呈轻微的向上弧线状,其端部在制造过程中会存在一定的张力。由于碳条与支架黏结不良,因而在外力作用下碳条与支架从端部逐步分离并向中间扩展。

3. 掉块超过截面宽度的1/3

如图1-1-4所示,这类情况在检修维护时属于非正常维护,一旦出现更换数量较多,当掉块超过截面宽度较大时,其受流面积将会减少,会影响正常的接触受流。同时,由于受损的部位往往是整个滑板中最薄弱之处,在今后的正常使用过程中易在此处发生断裂事件。

原因分析:掉块是由于接触网上的硬点与滑板撞击而产生的。由于滑板为碳系列制品,材质较脆,因此被撞后容易成片落下。从多条类似受损滑板的撞击点分析,撞击位置规律明显,多数集中在滑板左右距离端部150mm处。

图1-1-4　掉块超过截面宽度的1/3

4. 碳条有纵向裂纹

电动列车滑板表面的横向短裂纹(<10mm)普遍存在,属正常现象。但滑板表面的纵向裂纹则属于故障状态,由于这类故障在发生初期隐蔽性较强,检查时需特别留心才能发现,如图1-1-5所示。

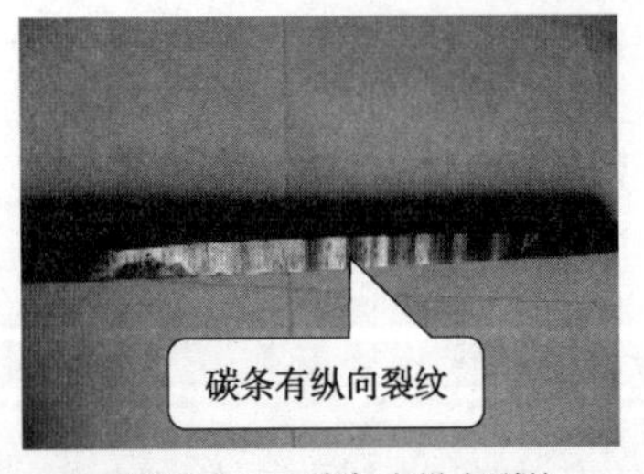

图1-1-5　碳条有纵向裂纹

原因分析:碳条有纵向裂纹一般为制造缺陷所致,需要及时进行更换处理,否则会引起碳条大面积断裂、脱落。

5. 受电弓其他故障

(1)绝缘子爬电(拉杆绝缘子、支持绝缘子):由于绝缘子表面清洁不良,在恶劣的自然条件下,如小雨、雾天等易出现绝缘不良的故障,绝缘子表面出现闪烙,进而导致接触网失电。

(2)受电弓拉弧(静态及动态):由受电弓接触压力不恰当、接触面不平滑等原因导致。

(3)受电弓升不起或升不到位:有风路原因、电路原因及机械原因等。

①风路原因一般为受电弓压缩空气质量欠佳,所含杂质、水分多,从而引发空气管路锈蚀、堵塞,风路不畅或不通。

②电路原因一般为由于电路中元器件损坏、电路接触不良等导致控制电无法到达被控部件。

③机械原因一般为机械卡位引起在压缩空气送到风缸后无法推动受电弓升起或升不到位,如风缸、转轴等部件的变形。

(4)受电弓在与接触网导线滑动接触过程中由于各种原因会出现弓网故障。

轻微时,受电弓弓头变形或滑板条被打断;一般情况下会导致受电弓支架变形,接触网局部受损;严重时会导致受电弓支架折断、接触网悬挂装置损坏、导线断开。

当发生弓网故障,造成受电弓碳滑条、弓头、上框架等零部件变形或损坏时,应将受电弓从车顶拆下,进行全面检修或更换零部件,检修完成后在专用试验台上对受电弓进行例行试验(包括动作试验、弓头自由度测量、气密性试验、静态压力特性试验),试验合格后方可装车交付使用。发生弓网故障的原因一般是由于路基引起受电弓运行线偏离原运行中心线、接触网位移、受电弓变形及弓头维修指标不符合要求以及外界因素的影响,如风速大、接触网有异物等。受电弓常见故障分析与处理见表1-1-2,相关教学资源见二维码2。

二维码2

受电弓常见故障分析与处理　表1-1-2

故障描述	产生原因	处理建议
碳滑板过度磨损或出现凹槽、碳滑板击穿	1. 接触压力过大; 2. 接触网有异常; 3. 碳滑板质量问题	1. 检查静态接触压力是否正常,气压是否正常; 2. 通知供电部门,加强接触网的检查; 3. 分析碳滑板的质量
接触网的弓头明显出现电弧现象	1. 碳滑板表面不平整; 2. 接触压力过小; 3. 供风不足; 4. 碳滑板磨耗到极限	1. 打磨碳滑板表面; 2. 调整升弓弹簧装置,使接触压力增大; 3. 检查供风回路,确保气压在正常范围内; 4. 更换碳滑板
弓头不能水平升起	平衡杆变形	调整平衡杆
HMI 显示受电弓图标红色	1. 降弓位置传感器故障; 2. 降弓检测回路故障	1. 检查降弓位置传感器是否正常,检查受电弓是否变形,看其能否压到降弓位置传感器上; 2. 检查降弓位置是否形成开关电路故障
受电弓无法升弓	1. 电控制回路故障; 2. 气压不足或气路切断; 3. 气缸破裂	1. 对照电路图,检查电路是否正常; 2. 对照气路图,检查气路是否正常; 3. 更换气缸
受电弓无法升起	1. 控制回路故障; 2. 降弓气缸弹簧装置卡死	1. 对照电路图,检查电路是否正常; 2. 更换降弓气缸

四、受电弓故障预防措施

当受电弓碳滑条发生故障时,需要及时更换处理,且一个受电弓的碳滑条均要同时更换。为了预防和减少受电弓碳滑条的故障,一般要求如下。

1. 将接触网导线的走向设计为“之”字形

受电弓工作的最大特点是靠滑动接触而收取电流。这就要求受电弓滑板与接触网导线可靠接触且磨耗小,将接触网设计为“之”字形,这样滑板运行时就会在有效范围内与导线滑动接触,从而减少滑条的偏磨。

2. 接触压力要适中

这里要求接触压力在工作高度范围内大小不变、数值适中。接触压力太小,接触电阻增大,功率损耗增加,同时运行时易产生离线和电弧,从而导致接触导线和滑板磨耗增加,停车时还可能由于接触电阻大而造成烧断接触网导线;接触压力太大,会加重机械摩擦,严重时可使滑板局部拉槽,进而造成接触导线弹跳拉弧,以至于刮弓。

3. 滑板的材料硬度要适中

硬度适中的滑板材料导电性能好,接触电阻较小,质量轻,与导线滑动过程中具有较小的磨耗。滑板条通常采用碳系列材料制作而成。滑板材料硬度太大,接触网导线磨耗增加,滑板磨耗减小;滑板材料硬度太小,滑板导线磨耗增加,接触网磨耗减小,而且滑板容易损坏。

集　电　靴

集电靴又名三轨受流器,是指安装在列车转向架上,为列车从刚性供电轨(第三轨)进行动态取流(采集电流),满足列车电力需求的受流设备。

以北京地铁昌平线为例,每列车配备16个动车受流器,4个拖车受流器。受流器可以伸缩和锁定位置,每个受流器都装有两个500A的熔断器,所有的受流器都有相同的特征及作用,但受流器之间不能互换使用。

受流器在转向架上的安装位置,如图1-1-6所示。

图1-1-6　受流器在转向架上的安装位置

受流器的结构组成如图 1-1-7 所示。其中，绝缘盖上装有熔断器视窗，用于检查熔断器的工作状态。受流器通过绝缘底座固定在转向架上，以保证绝缘性。受流臂安装在芯座上，芯座通过两个弹性轴承与受流器的方轴相连，再通过受流组件金属基座与绝缘底座相连。这个机构能够保证碳滑靴与第三轨之间的接触压力。

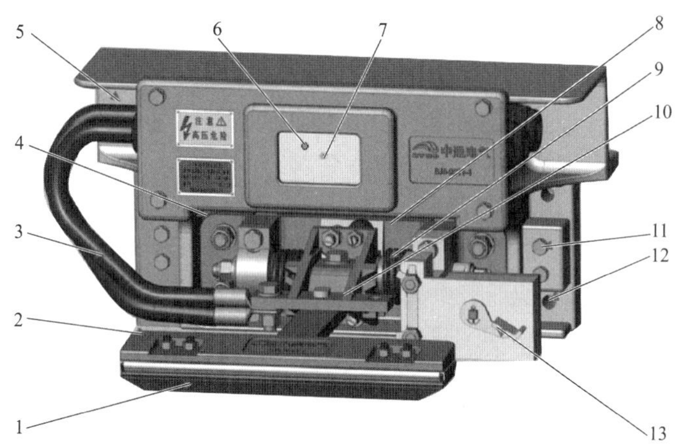

图 1-1-7　受流器的结构组成

1-滑靴；2-摆杆；3-内连电缆；4-安装底板；5-绝缘底座；6-熔断器盒；7-熔断器视窗；8-受流组件金属基座；9-弹簧；10-芯座；11、12-与转向架安装孔；13-手动脱靴装置

列车在正常运行时，整列车由 20 个受流器同时供电。受流器由主体和一套机械装置组成，机械装置能够保证碳滑靴与导电轨之间始终保持接触。整个机构由两个扭簧和两个弹性轴承调整，保证列车在正常工作时，使碳滑靴接触压力保持为(120 ± 24) N。碳滑靴与熔断器之间用两根 95 平方的电缆连接，用以输送电流。手动脱靴装置能够确保有缺陷的受流器被锁定。

任务二　VVVF 逆变器故障分析与处理

任务案例

1. 如图 1-2-2 所示，根据 VVVF 逆变器实物图片，进行 VVVF 逆变器认知，指认其各组成部分。
2. VVVF 逆变器的认知和检修。
3. 车辆检修工如何判断 VVVF 逆变器故障？如何进行故障处理？
4. 在正线运行时如发生 VVVF 逆变器故障，电客车司机如何操作？

任务分析

本任务要求大家首先对 VVVF 逆变器结构和功能进行认知，然后通过课件或仿真练习熟悉 VVVF 逆变器的认知和检修，再根据不同职业工种解决 VVVF 逆变器的故障问题。VVVF 逆变器自身具有故障诊断功能，系统在出现故障后都会以故障代码的形式发送给列车管理系统 TMS。电客车司机可以通过司机显示屏(MMI)的显示来判断和处理故障，检修人员需要系统故障更详细的内容,一般都要通过维护工具读取系统的故障信息,然后根据故障信息分析故障部件。

任务实施

1. 学习环境。

本任务学习在城市轨道交通车辆模拟仿真实训室,实训室内有 VVVF 逆变器实物图片。

2. 学习步骤。

(1)分组讨论,以 5 ~7 人为一组完成工作任务。

①查阅资料,完成任务案例 1。

②在城市轨道交通车辆模拟仿真实训室完成任务案例 2。

③参照资料和知识导航,组织归纳知识点,完成任务案例 3 和 4。

(2)按照表 1-2-1 整理制订学习工作单。

学 习 工 作 单　　表 1-2-1

工作单	VVVF 逆变器故障分析与处理		
任务	1. VVVF 逆变器结构组成及作用; 2. 车辆检修工在 VVVF 逆变器故障时的分析处理方法; 3. 电客车司机在 VVVF 逆变器故障时的分析处理方法		
班级		姓名	
学习小组		工作时间	
内容			

(3)小组内互相协助考核学习任务,组内互评;根据其他小组在成果展示活动中的表现及结果进行小组互评。

知识导航

一、概　　述

(一)牵引逆变器的功能及安装位置

牵引逆变器的作用是将接触网提供的 DC1500V 逆变成交流牵引电动机需求的三相交流电,并能够调节输出交流电的电压和频率的大小,从而实现对交流牵引电动机的转矩和转速的控制。

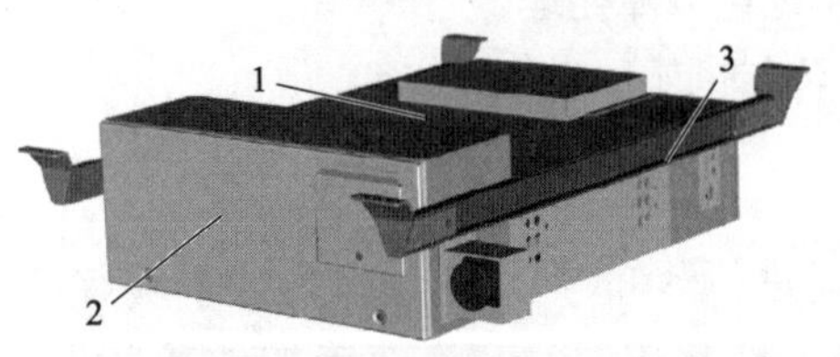

图 1-2-1　PH 箱外观及组成
1-中间部分;2-HV 部分;3-MCM 部分

PH 箱又称牵引与高压箱,挂于 B 车两侧车底下,是关键的高压设备,其外观及内部结构分别如图 1-2-1 和图 1-2-2 所示。

PA 箱又称牵引与辅助箱,位于 C 车,其主要组成如图 1-2-3 所示。

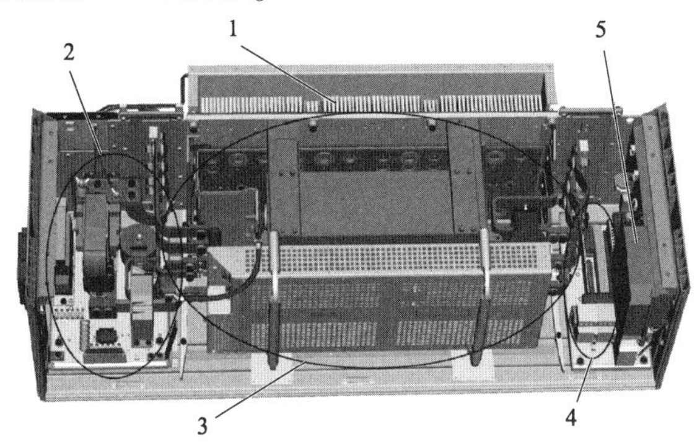

图 1-2-2　PH 箱内部结构

1-朝向中间部分的冷却器;2-DC 接触器单元;3-逆变器模块(VVVF);4-风扇接触器单元;5-内部风扇

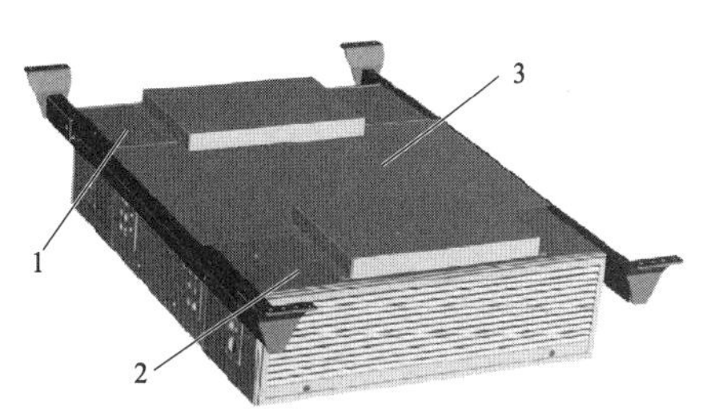

图 1-2-3　PA 箱组成

1-MCM 部分;2-ACM 部分;3-中间部分

(二)牵引逆变器的设备组成

如图 1-2-4 所示,牵引逆变器的主要部件有:电源单元、电磁接触器、放电电阻器、充电电阻器、滤波电容器、电流传感器、电压传感器、线路接触器、逻辑控制单元及其他部件等。

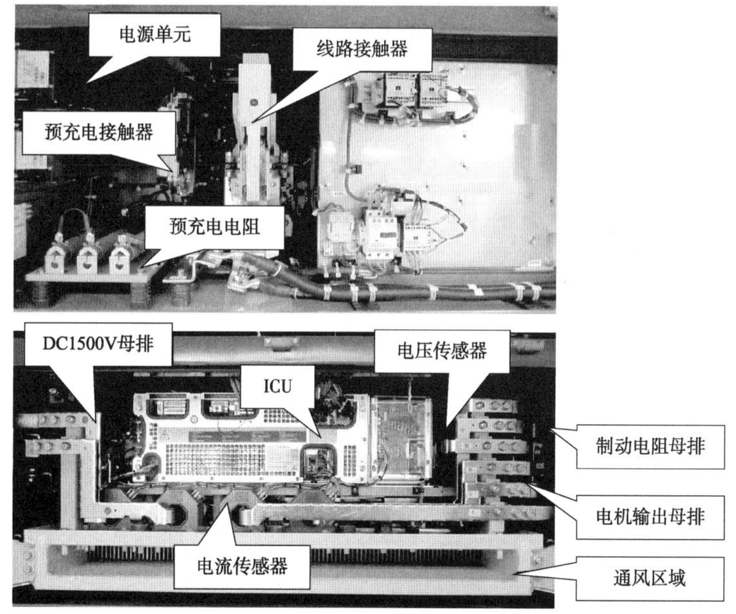

图 1-2-4　牵引逆变器的结构

二、VVVF 逆变器故障原因及处理

(一)VVVF 逆变器常见故障分析

VVVF 故障分为内部程序故障、器件故障、螺钉松动、保护动作和外部接线故障。按照故障程度可分为 1 类故障、2 类故障、3 类故障(故障程度由轻故障到重故障)。一般常见的故障有下列几种。

1. GDU(门极驱动单元)故障

GDU 单元故障一般会造成 IGBT 反馈故障和隔离牵引逆变器。其故障原因一般是由于 GDU 故障、通信光缆故障或 IGBT 故障导致。GDU 单元在各地铁运营单位已是最小维修单元,只能通过部件更换使故障得到消除。

2. IGBT(绝缘栅极双极晶体管)故障

IGBT 由于过电压、过电流或过热等出现故障,通过 GDU 反馈到 VVVF 逻辑控制单元,TMS 接收到故障信息后报警,同时 VVVF 逻辑控制单元将系统保护进行隔离。IGBT 故障一般是由于控制系统故障或本身质量缺陷所致。在运用中,IGBT 由于环境因素或本身质量问题,还存在击穿或爆裂等故障现象。

3. 电压、电流传感器故障

电压、电流传感器作为 VVVF 逆变单元中的一个组成部分,其作用相当重要,它检测线路、电容器的电压和电流,将电压、电流的信息不断地发送到 VVVF 逻辑控制单元进行计算、控制,同时也用于触发保护性的动作,如图 1-2-5、图 1-2-6 所示。

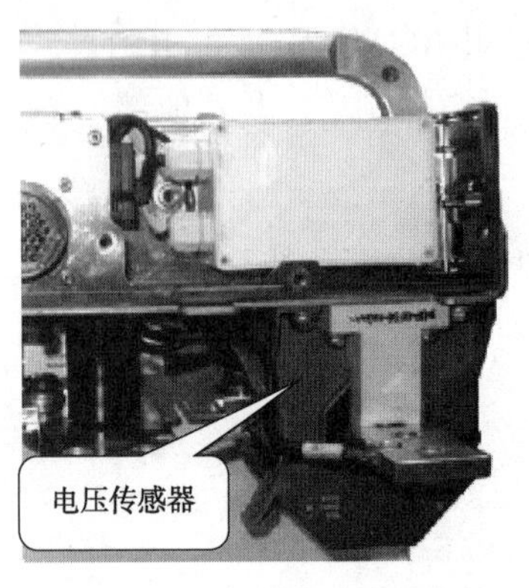

图 1-2-5 牵引逆变器电压传感器实物图

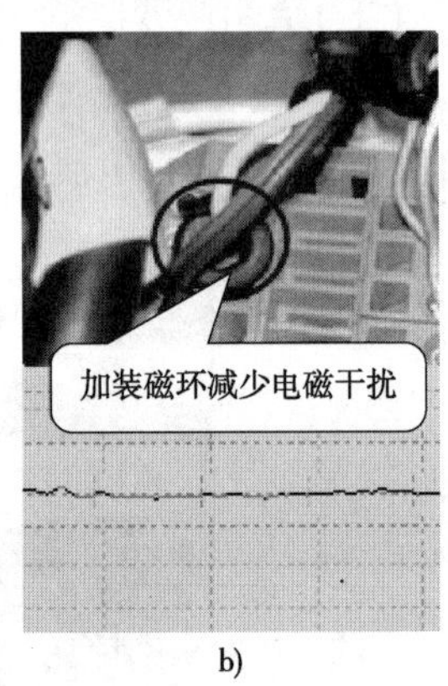

图 1-2-6 牵引逆变器电压传感加装抗干扰磁环前、后波形输出对比

在运营三四年后,电压传感器、电流传感器的故障逐渐增多,表现在检测值与实际值存在较大的偏差,主要有以下 4 个原因:

(1)部分电压、电流传感器备件制造工艺较差,质量不过关。

(2)电压、电流传感器到达基本使用年限。

(3)模块内部电子元器件的电磁干扰(通过加装抗干扰装置来减少电磁干扰)。

(4)电压、电流传感器与 VVVF 逻辑控制单元设定参数不匹配。

4. 其他故障现象及处理(见表 1-2-2)

其他故障现象及处理 表 1-2-2

序号	故障现象	故障处置方法	目的/说明
1	牵引逆变器严重故障	(1)HMI 上显示 1/2 个牵引逆变器严重故障,按压 CREC 电气柜内复位按钮,若无法消除则运行到终点站检查并断合该车二位端电气柜内 TCCB。2 节车出现此故障且无法消除,则终点站退出服务	排除牵引逆变器的瞬间电气故障

续上表

序号	故 障 现 象	故障处置方法	目的/说明
1	牵引逆变器严重故障	(2)HMI 上显示 3 个牵引逆变器严重故障,按压 CREC 电气柜内复位按钮,若无法消除,则检查并断合故障车二位端电气柜内 TCCB;若仍无法消除,则将紧急牵引开关打到紧急牵引位(EMTS 位),此时限速 25km/h,先推牵引再按压远程缓解按钮,如出现溜车则立刻施加紧急制动,就近清客下线	司机无法排除此故障
		(3)上述操作无效,请求救援	司机无法排除此故障
2	受电弓故障	(1)HMI 上无网压显示,列车无牵引力,降弓等待网压恢复后继续运营	排除接触网断电对列车的影响
		(2)HMI 显示受电弓故障,报 OCC 通知站务注意观察,若弓网接触正常且牵引正常则继续运行	排除受电弓信号传输异常引起的故障
		(3)若弓网接触异常或列车无牵引力,则降弓,请求救援(单弓故障运行到终点站退出服务)	司机无法排除此故障

(二)VVVF 逆变器故障处理

牵引系统发生故障后,要明确发生故障的车号及故障名称,之后读取相应的故障记录。首先在驾驶室读取 TMS 故障记录,其次还要在相应车下 VVVF 箱中读取 VVVF 牵引系统故障信息。驾驶室读取故障记录如图 1-2-7 所示,用数据线将专用笔记本与驾驶室 TMS 主机进行连接,再通过笔记本的操作对相应的故障记录进行下载。牵引系统所报故障的具体信息,可以在车下的 VVVF 箱内的控制逻辑部进行读取。同样可用专用数据线将逻辑部上的数据线接口与笔记本相连,通过笔记本的相关软件可读取相应故障及对即时动作进行监控等,如图 1-2-8 所示。

图 1-2-7　驾驶室读取故障记录

图 1-2-8　VVVF 控制逻辑部读取故障

根据下载的故障信息(图 1-2-9、图 1-2-10)和故障发生时的相关操作及现象综合分析后,参照系统所提供的故障处理建议表,对相关故障进行排除及处理。

正线如果发生牵引逆变器故障,一个逆变器不工作时,根据技术要求,剩余动力可以正常载客继续运行到终点站后退出服务;如果两个逆变器同时发生故障,对于 3 动 3 拖的车辆需要到下一站或在本站清客后退出服务，回库进行处理。同时发生逆变器故障时，一般先进行电源复位，对系统进行重启，以确定是否属于偶发性的软故障。

图 1-2-9　TMS 记录的"SEFD"故障

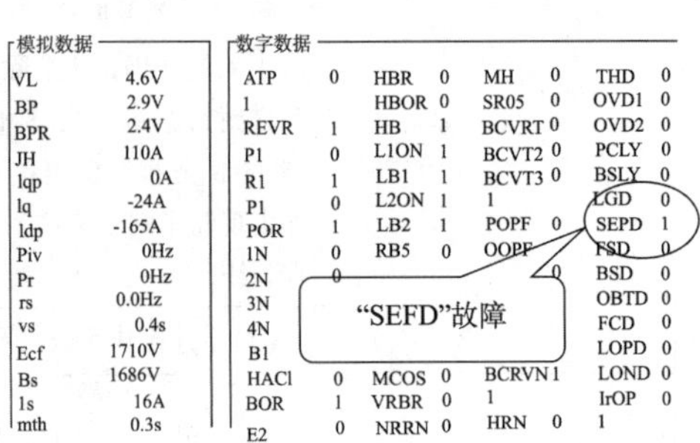

图 1-2-10　VVVF 逻辑控制部记录的"SEFD"故障

VVVF 逆变器发生故障可通过备件互换的方式恢复故障，目前大多数城市地铁不具备故障备件维修的能力，需要返回厂家维修。VVVF 逆变器装置日常只进行外观及功能性的检查，同时注意日常清洁工作即可。

检查及备件更换应注意以下事项：

(1)拆下基板以及门极驱动时，要慎重操作，避免损伤光缆。

(2)要避免拆下的光缆插头和基板侧光缆插座(光模块)沾上异物、尘埃(不要在尘土多的地方作业，不要拆下后长时间放置等)。

(3)配线联结器及光缆在安装时要确认插接到位。

(4)进行检查时，应佩戴防静电手环。

巩固拓展

1. VVVF 逆变器故障检查时的安全注意事项

(1)检修作业时，确认受电弓已经降下并隔离(要使编组中的全部受流器脱离三轨，并使各种高压开关置于"断开"位置后再进行操作)。

(2)检查主开关是否处于 OFF 位。

(3)作业前检查滤波电容器电压是否为 0V。

(4)检查所有 DC 控制电源是否已经被隔离。

2. 在对牵引箱进行操作前必须遵守的五项规则

在对牵引箱进行任何操作前，必须首先遵守以下五项规则：

(1)切断电源。

(2)防止电源被再次接通。

(3)检查并确保没有电压。

(4)进行接地和短路。

(5)盖好附近的带电部件或在这些部件周围设置障碍物。

任务三　主牵引传动系统其他故障分析与处理

任务案例

1. 熟悉城市轨道交通交流牵引电动机结构，根据图 1-3-1、图 1-3-2 判断电动机故障。

2. 认知制动电阻，分析制动电阻的常见故障。

3. 认知接地装置，如何进行接地装置故障分析处理?

任务分析

本任务要求大家首先对交流牵引电动机、制动电阻和接地装置的结构和功能进行认知，然后通过课件或仿真练习熟悉设备认知和检修，最后根据不同职业工种解决牵引电动机、制动电阻和接地装置的故障问题。

任务实施

1. 学习环境。

本任务学习在城市轨道交通车辆专用一体化教室(配备多媒体)，使用若干个城市轨道交通车辆模型等。

2. 学习步骤。

(1)分组讨论，以 5 ~7 人为一组完成工作任务。

①根据任务案例要求查阅资料，在综合实训室认知交流牵引电动机、制动电阻和接地装置的作用、位置和故障现象。

②根据模拟仿真练习设备故障处理程序。

③组织归纳知识点。

(2)按照表 1-3-1 整理制订学习工作单。

学习工作单　　表 1-3-1

<table>
<tr><td>工作单</td><td colspan="3">主牵引传动系统其他故障分析与处理</td></tr>
<tr><td>任务</td><td colspan="3">1. 制动电阻故障原因分析；
2. 接地装置故障原因分析及处理方法</td></tr>
<tr><td>班级</td><td></td><td>姓名</td><td></td></tr>
<tr><td>学习小组</td><td></td><td>工作时间</td><td></td></tr>
<tr><td colspan="4">内容</td></tr>
<tr><td colspan="4"></td></tr>
</table>

(3)小组内互相协助考核学习任务，组内互评；根据其他小组在成果展示活动中的表现及结果进行小组互评。

一、牵引电动机故障

二维码 3

牵引电动机在运用中出现因绝缘损坏导致的接地较多。一般情况下,在运用中有异物进入破损绝缘层导致接地现象较为常见;此外,制造方面有时也会出存在质量缺陷。如图 1-3-1、图 1-3-2 所示。牵引电动机相关教学资源见二维码 3。

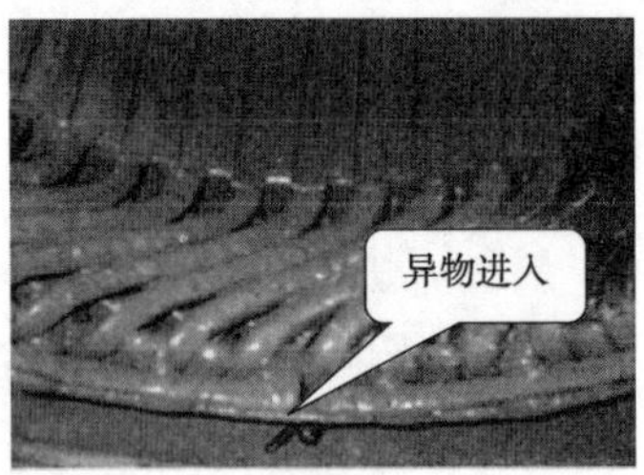

图 1-3-1　牵引电动机绕组处有异物　　图 1-3-2　牵引电动机定子绕组烧损

牵引电动机在运行一段时间后,要定期对轴承进行润滑,否则会因缺少润滑而导致磨损、异响及过热等现象发生,影响电动机的使用寿命。

二、制动电阻器故障

(一)制动电阻的安装位置和类型特点

制动电阻用于车辆的电阻制动,承担电动机电流中不能被其他列车所吸收的那部分制动电流,该电阻应有充分的容量来承受再生制动过程中产生的多余再生电流,直到电动机电压升到极限。制动电阻箱悬挂安装于车辆底架下方,如图 1-3-3 所示。制动电阻冷却方式为强迫风冷(卧式通风)。

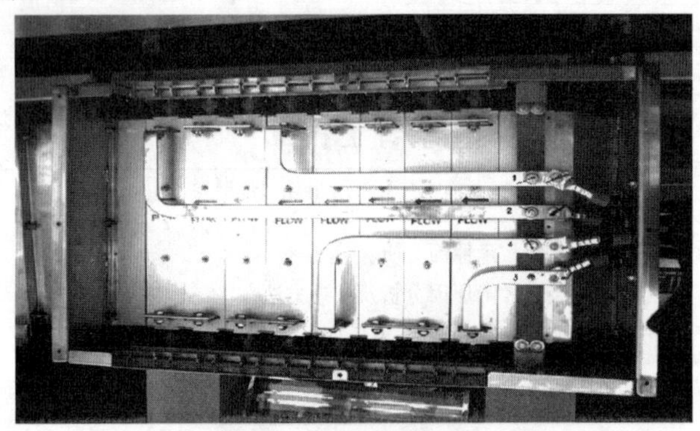

图 1-3-3　制动电阻箱(柜)

带状电阻条通过制动电流以发热的方式传递出去。根据这一原理,除要求有良好的热容量、耐振动外,还要求能防腐蚀,在高温下不生成氧化层,特别要注意在正常使用周期内不断裂。通常在工程上选用较多的是波纹电阻和铝合金电阻。前者采用表面立式波纹,有利于散热降低寄生电感量,并选用高阻燃无机涂层,有效保护电阻丝不被老化,延长使用寿命;

后者电阻器耐气候性、耐振动性，优于传统瓷骨架电阻器，广泛应用于高要求恶劣工控环境使用，易紧密安装、易附加散热器，外形美观。

(二)制动电阻的作用

制动电阻将电动机快速制动过程中的再生电能直接转化为热能，这样再生电能就不会反馈到电源网络中，不会造成电网电压波动，从而起到了保证电源网络的平稳运行的作用。

电动机在电制动过程中会产生大量的再生电能，如果不及时消耗掉这部分再生电能，就会造成接触网电压升高或者列车的制动力达不到司机指令的要求。制动电阻可以消耗掉再生电能，避免前述问题。

(三)制动电阻的故障

当列车在制动时，首先投入再生制动，当网压达到一定值后，制动斩波器开始间断性导通并投入电阻制动，通过制动电阻将牵引电动机再生的电能转化为热能散发到大气中。

制动电阻一般会出现因电阻片过热而发生变色、变形，中间瓷柱破裂的现象。日常应注意制动电阻的散热区域不能被堵塞，制动电阻片表面需定期清洁，破损的瓷柱应及时更换。

出现制动电阻过热故障时，为了保护牵引系统，该故障发生时列车不能进行电制动，一般会保护锁闭本系统。一定时间内多次出现该故障，将对逆变器进行隔离。

故障判断：制动电阻的温度已经超出设定值，不同系统根据系统本身的特点，其设定值不同，而制动电阻的温度有的系统是测量得到的，有的是通过电流大小计算得到的。

可能原因：由于机械制动的损失或者电动机逆变器的损失，制动电阻过多地参与制动；也可能是温度传感器出现故障。

三、接地装置故障

(一)接地装置的作用

接地装置的功能是作为列车的“负极”，将列车几百安培的牵引电流接至轮对、钢轨，最终回流至地面牵引供电装置负极，准确地讲，应该称为回流装置。接地装置接触不良或断开，接触电阻偏高的故障都会严重影响列车安全及运行。地铁车辆底架、车顶上的众多设备工作电压多为 DC1500V、AC380V。如果电源线与这些电气设备箱体之间的绝缘被损坏，箱体外壳和地之间就有较高的电位差，当人触及箱体时，则会导致较大的电流流过人体，造成人身伤害，所以必须通过接地来消除这种危险。城市轨道交通车辆的接地装置通常安装在转向架轴端或牵引电动机齿轮箱的轮轴处，每个转向架至少一个接地装置。

如图 1-3-4 所示，A 车辅助逆变器的 DC1500V 的回流和 B 车牵引逆变器的 DC1500V 的回流均在 B 车通过绝缘电缆流向轴端接地刷，再到钢轨；C 车的 DC1500V 的回流流到自身接地刷，再至钢轨。整个地铁车辆的 DC1500V 电路通过钢轨进行负极回流。回流线是截面积 $95mm^2$ 带护套的绝缘电缆，由镀锡铜丝绞合而成，导电性能好。

(二)接地装置的维护

接地装置维护工作主要是定期检查碳滑块的磨耗情况，各线缆是否连接可靠，相关导电接触面是否接触良好。由于接地装置安装在轴端或者车轴上，直接受到来自钢轨的冲击及道床异物的击打，维护过程中应注意检查各机械零件安装及紧固是否良好，及时更换受损零件。

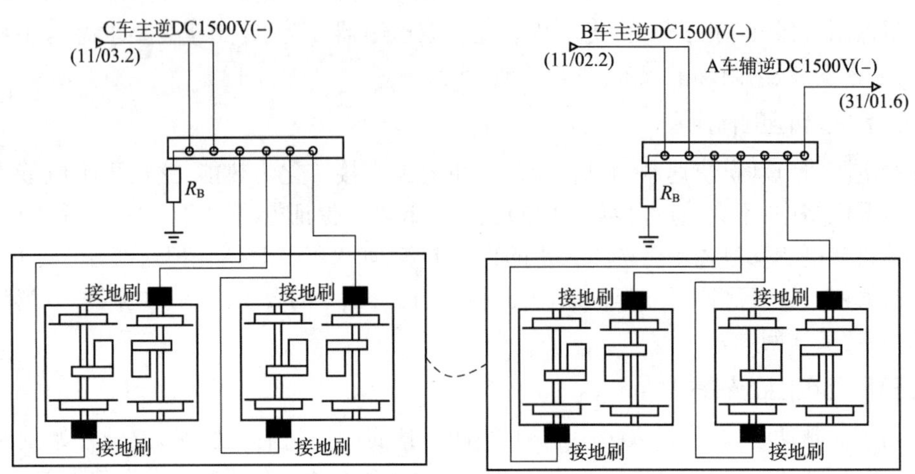

图 1-3-4　城市轨道交通车辆 DC1500V 供电回流示意图

(三)接地故障

故障现象:执行一个保护锁闭。30min 内出现 3 次故障,将故障的逆变器隔离。

故障判断:牵引电动机、牵引电动机的连接电缆、制动电阻、制动电阻的连接电缆或者逆变器有接地故障。

1. 故障原因

(1)牵引电动机、牵引电动机的连接电缆、制动电阻、制动电阻的连接电缆出现了接地短路。

(2)检测接地电流的传感器本身存在故障。

(3)逆变器控制单元故障。

2. 故障排除方法

(1)通过执行 I/O 测试进行检查。

(2)如果没有探测到接地故障,继续进行以下措施。

(3)从牵引逆变器上断开牵引电动机电缆,使用高阻表供应 DC1000V 电压,电阻应大于 1MΩ。

(4)从牵引逆变器上断开制动电阻,使用高阻表供应 DC1000V 电压,电阻应大于 1MΩ。

(5)检查与电流传感器连接的电缆和联结器。

(6)使用一个数字万用表,通过测量接触联结器的电阻,检查电流传感器。万用表将显示几个兆欧电阻。拔下联结器,并且检查下联结器插针。

(7)从逆变器上段看 DC^+ 和 DC^- 电缆,拆除模块。连接 DC^+ 到 DC^- 上,并且使用高阻表在这一点和接地之间供应 DC1000V 电压。测量电阻,电阻应大于 1MΩ。

牵引系统与制动系统之间的通信信息有哪些?

牵引系统与制动系统配合紧密,两者之间接口的故障也较多,尤其在新车调试时,表现较为突出。有电—空制动转换、防滑控制等方面的问题,一般需要通过现场试验测试后修改软件设置可调整。一般的牵引系统与制动系统接口关系如图1-3-5所示。

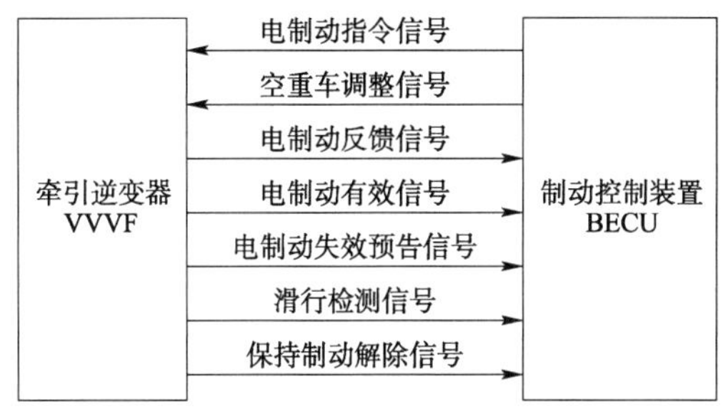

图1-3-5　牵引系统与制动系统接口关系图

牵引系统各部件在长期运行中因振动造成部分螺钉松动，需要在日常检修中注意检查并做出相关处理。同时还存在部件箱体密封胶条老化造成密封不良现象，导致水或污垢进入，日常检修中对比应及时处理，以免造成控制电路板短路，引起其他的故障发生。

项目知识小结

本项目的学习活动主要包括对电气线路图的基本知识进行读图、识图；常用电气元件的工作原理及常用的联锁方法；识别城市轨道交通车辆牵引系统的组成部分的功能；牵引系统的工作原理，在实际的案例分析中熟悉交流传动主电路的工作原理。

通过完成学习任务，掌握对学习的重点内容进行归纳整理和制订学习工作单的方法，并从中学会与小组成员和教师就学习中的问题进行交流沟通；能与他人共享学习资源，表达及展示活动过程和成果。

项目达标检测

一、填空题

1. 在处理高压回路接地的故障时，应断开(　　)、(　　)和(　　)。

2. 查找接地点的方法是(　　)、(　　)和(　　)。

3. 接触轨断电后，在解除接地点前，必须做的一项工作是(　　)。

4. 若列车一再接地，采取的解决方法是(　　)。

5. 若高压回路接地导致电灼伤、焦煳味及冒烟等现象，采取(　　)(措施)对故障点进行消隐处理。

6. 按“升弓泵起动”按钮的条件是(　　)和(　　)。

7. 列车经过断电区时也能保证牵引逆变器不断电的电路是(　　)。

二、简答题

1. 导致受电弓不能升弓的原因有哪些？

2. 列车接地的形式有哪些？

3. 在处理高压回路接地的故障时，有哪些安全注意事项？

4. 在线上运行的一列车网压表突然显示为“0”，请分析产生此现象的可能原因。

项目二　城市轨道交通车辆辅助供电系统故障分析与处理

学习目标

1. 掌握城市轨道交通车辆辅助逆变器的起动流程。
2. 能进行逆变器故障时的应急处理。
3. 能说出中压负载起动原则。
4. 掌握蓄电池的日常维护和保养。
5. 能够正确判断处理蓄电池故障。

辅助供电系统逆变装置常见故障主要分为内部程序故障、电路基板及器件故障、外部接线及部件故障、保护动作等;起动装置和扩展装置多为接线松脱、继电器的故障;蓄电池组故障主要表现在单体蓄电池电压低、蓄电池接反、电解液渗漏、蓄电池烧损、蓄电池传感器故障等现象。

学习本项目的目的是为了正确分析判断辅助供电系统的故障,做好日常维护,尽量减少故障的发生。

任务一　辅助逆变器故障分析与处理

列车运行中,一台辅助逆变器发生故障时,应如何进行处理?

任务分析

辅助逆变器故障将影响整个列车的辅助供电,主要是空压机、列车空调通风及客室照明,严重的还会影响列车运行安全。我们的任务就是根据车载显示屏的显示,准确判断并处理辅助逆变器故障。

任务实施

1. 学习环境。

本任务学习在城市轨道交通车辆专用一体化教室(配备多媒体),使用若干个城市轨道交通车辆模型等。

2. 学习步骤。

(1)分组讨论,以5~7人为一组完成工作任务。

①根据任务案例的要求,分析并处理辅助逆变器故障。

②根据任务案例的要求,组织归纳知识点。

(2)按照表2-1-1整理制订学习工作单。

学习工作单　　表2-1-1

<table>
<tr><td>工作单</td><td colspan="3">辅助逆变器故障分析与处理</td></tr>
<tr><td>任务</td><td colspan="3">1.1台辅助逆变器故障现象总结;
2.1台辅助逆变器故障处理方法;
3.辅助逆变器起动流程练习</td></tr>
<tr><td>班级</td><td></td><td>姓名</td><td></td></tr>
<tr><td>学习小组</td><td></td><td>工作时间</td><td></td></tr>
<tr><td colspan="4">内容</td></tr>
<tr><td colspan="4"></td></tr>
</table>

(3)小组内互相协助考核学习任务,组内互评;根据其他小组在成果展示活动中的表现及结果进行小组互评。

一、辅助逆变器起动流程

在辅助逆变器的输入电压的允许范围内,VCU发出起动命令,辅助逆变器的预充电保护单元闭合,开始对支撑电容充电。

若预充电单元没有错误,线路接触器闭合,辅助逆变器运行在断开输出保护的情况下,进行自检,测试是否有AC380V输出滤波电路,内部短路、内部接地等故障。

如果自检没有错误,为了与列车三相交流母线同步,辅助逆变器又一次关断。如果列车三相交流母线上没有电压,输出接触器第一次接通,辅助逆变器接通,系统正常起动;如果在系统自检后列车三相交流母线已经存在电压,在断开输出接触器的情况下,辅助逆变器后端的输出滤波器进行测试,辅助逆变器开始执行与列车三相交流母线的相位、电压的同步,达到同步后输出接触器接通,此时辅助逆变器已经接管了整个列车母线的输出。

二、中压负载起动

(一)中压负载起动原则

(1)只要辅助逆变器起动,辅助逆变器风机就起动。

(2)至少2台SIV并网完成后,才能单独起动两台空气压缩机;至少3台SIV并网完成后,才能同时起动2台空气压缩机;至少3台SIV并网完成后,空调压缩机才能起动。

(3)空气压缩机与空调压缩机不允许同时起动。

(4)空调压缩机/空气压缩机起动过程中,若空气压缩机/空调压缩机需要起动,VCU根据此时辅助逆变器的过载能力确定是否起动空气压缩机(1台起动或2台同时起动)/空调压缩机。

(5)在任一时间段整列车仅有1台空调压缩机处于起动状态。

(6)除同一机组内的空调压缩机起动连锁控制是由空调控制盘完成以外,上述连锁控制均需 VCU 完成。

(二)SIV 故障时,中压负载切除方案

当 1 台辅助逆变器故障时,列车将通过 MVB 网络将该信号传输至空调系统,客室空调每个机组将只有 1 台压缩机运行(假设此时制冷要求工况为全冷),其他中压交流负载保持正常工作。

当 2 台辅助逆变器故障时,列车将通过 MVB 网络将该信号传输给空调系统,每个客室的一个空调机组执行通风,另一个机组正常运行,其他中压交流负载保持正常工作。

当 3 台及以上辅助逆变器故障时,所有客室空调机组都将仅保持通风,其他中压交流负载保持正常工作。

三、辅助逆变器故障处理

1.1 台 SIV 不启动

一般是控制电路的故障,控制电源开关跳闸或继电器故障,需要检查 SIV 控制电源的相关开关及继电器的电路。

2. TMS 显示的 SIV 相关轻微故障

一般是由于逻辑单元检测故障或受其他环境干扰引起的偶发故障,通过专用的复位按钮或重启电源即可恢复故障,俗称“假故障”。

SIV 逆变器故障,在 TMS 中有故障记录,通过驾驶室 TMS 显示屏,可以查看故障发生的时间、故障代码及故障描述,并具有相关的处理意见指引,检修人员可根据指引来缩小故障的范围,有助于对故障进行判断。

SIV 逆变器发生故障时,和 VVVF 牵引逆变器的故障调查方法一样,也可通过下载逻辑部的故障信息来分析 SIV 故障时的数据变化,进一步调查故障的根本原因。

四、辅助逆变器应急故障处理方法

辅助逆变器应急故障处理方法见表 2-1-2。

辅助逆变器应急故障处理方法 表 2-1-2

序号	故障现象	故障处置方法	目的/说明
1	SIV 严重故障	(1)HMI 上显示 1 个 SIV 严重故障,按压 CREC 电气柜内复位按钮,若无法消除,则运行到终点站检查并断合该车二位端电气柜内 AICB;若仍无法消除,则终点站退出服务。此时司机需密切关注电压表电压,当电压低于 100V 时,应就近清客下线(清客后应关断整车照明和紧急通风)	排除 SIV 瞬间电气故障
		(2)HMI 上显示 2 个 SIV 严重故障,按压 CREC 电气柜内复位按钮,若无法消除,则检查并断合故障车二位端电气柜内 AICB;若仍无法消除,则应紧急牵引动车,就近清客下线,若无法动车则请求救援(清客后关断整车照明和紧急通风)	排除 SIV 瞬间电气故障

续上表

序号	故障现象	故障处置方法	目的/说明
2	SIV 中级故障	HMI 上显示 2 个 SIV 中级故障,按压 CREC 电气柜内复位按钮,若无法消除,则运行到终点站检查并断合该车二位端电气柜内 AICB;若仍无法消除,则终点站退出服务	排除 SIV 瞬间电气故障
3	充电机严重故障	(1)HMI 上显示 1 个充电机严重故障,按压 CREC 电气柜内复位按钮,若无法消除,则运行到终点站检查并断合该车二位端电气柜内 AICB;若仍无法消除,则终点站退出服务。此时司机需密切关注电压表电压,当电压低于 100V 时,就近清客下线(清客后关断整车照明和紧急通风)	排除 SIV 瞬间电气故障
		(2)HMI 上显示 2 个充电机严重故障,按压 CREC 电气柜内复位按钮,若无法消除,则应检查并断合故障车二位端电气柜内 AICB;若仍无法消除,则应紧急牵引动车,就近清客下线;若无法动车,则应请求救援(清客后关断整车照明和紧急通风)	排除 SIV 瞬间电气故障
4	充电机中级故障	HMI 上显示 2 个充电机中级故障,按压 CREC 电气柜内复位按钮,若无法消除,则运行到终点站检查并断合该车二位端电气柜内 AICB,若仍无法消除,则终点站退出服务	排除 SIV 瞬间电气故障

巩固拓展

根据下列辅助逆变器故障案例分析资料,总结分析当辅助逆变器故障时司机和检修人员的处理措施。

1. 辅助逆变器严重故障(外部风扇反转)

故障现象及发生经过:上午某列车待发车时,TMS 列车控制系统司机显示屏上显示一个辅助逆变器严重故障。运行若干分钟后,显示辅助逆变器恢复正常。正常运行若干分钟后,又显示一个辅助逆变器严重故障。再运行若干分钟后,司机重启辅助逆变器后恢复正常。

后某车显示辅助逆变器严重故障,该车两端空调系统不能起动,同时显示该列车某节车辅助逆变器散热片故障。列车行驶若干分钟后,司机重启辅助逆变器后恢复正常。

由于多次出现辅助逆变器严重故障现象,为避免事态进一步扩大,中午行车调度员安排车辆段开行备用列车,随后将该列车安排回厂检修。以上故障,行车调度员均已通知 DCC 调度中心的轮值工程师。

故障判断处理过程:该列车入库检查,司机显示屏显示该节车辅助逆变器散热器过热,造成辅助逆变器隔离。检查辅助逆变器散热器温度传感器阻值正常，各连接线连接良好；打开高压设备箱下底板检查，辅助逆变器散热器风道无堵塞现象。检查该车辅助逆变器外部风扇输入/输出信号反馈良好，随后做高压试验，比较该列车相邻两节车辅助逆变器散热器温度，发现故障车辅助逆变器外部风扇已进入全速状态，但散热器温度仍上升很快，进一步检查后发现，全速状态下出风口通风量很小，最终确认外部风扇全速接线接反造成全速状态下风机反转。更换辅助逆变器模块和风扇控制单元各1个，故障排除。

故障原因总结：辅助逆变器外部风扇全速接线接反造成全速状态下风机反转，散热器通风量不足，温度持续升高，导致辅助逆变器隔离。

2. 辅助逆变器故障（升弓后电压降低）

故障现象及发生经过：检修人员对某列车进行辅助逆变器继电器整改作业后，升弓，发现司机显示屏上的电压值从1600V一直下降到0V，同时司机显示屏上显示AUX辅助逆变器闪红报警。

故障判断处理过程：故障出现几分钟后上车检查，发现该车的辅助逆变器故障，详细信息为IGBT2绝缘栅双极型晶体管、IGBT4、IGBT6反馈故障各一次，辅助逆变器被隔离。重新分合该车的3F10、3F11继电器后故障依旧。重新分合该车的3S01，在未升弓时司机显示屏未报故障，升弓后司机显示屏上的电压从1600V左右一直下降到0V，故障详细信息同上。同时在1101端观察司机显示屏上电压指示正常，维持在1600V左右。

升弓情况下在车下检查该节车高压设备箱内的辅助逆变器，确认其控制单元主板上指示灯正常，内部风扇正常，外部风扇不工作。重新升弓，能听到辅助逆变器的充电接触器和分离接触器依次闭合，然后又马上断开的声音，外部风扇始终未工作。降弓并做好防护，检查从辅助熔断器到辅助逆变器接触器的高压回路通路正常。用DCUTERM软件检查分离接触器和充电接触器反馈情况正常。更换了控制单元主板后故障依旧。更换整个辅助逆变器模块后升弓，检查故障消失。

故障原因总结：司机显示屏上的电压指示由本半组车辅助逆变器电压检测电路提供，由于辅助逆变器的IGBT反馈故障并隔离后分离接触器和充电接触器分开，加到辅助逆变器上主回路电压被放电，使得司机显示屏上的指示电压从1600V左右一直下降到0V。排查主回路通路的相关接触器、熔断器等可能断点，再用替换法找到故障点为辅助逆变器模块。

对辅助逆变器模块等高价元件或部件进行检查时，不宜轻易使用替换法排查故障，要尽可能放在最后排查，否则容易造成故障扩大。

任务二　蓄电池故障分析与处理

图2-2-1显示的是蓄电池爬碱现象，试分析蓄电池爬碱的原因及后果，应如何避免此现象发生？

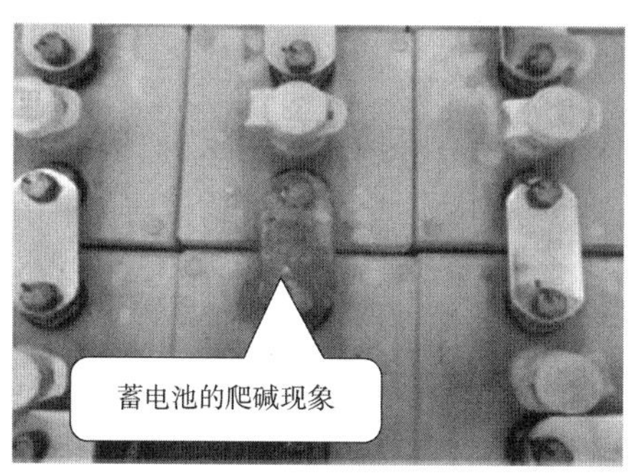

图 2-2-1　蓄电池的爬碱现象

任务分析

蓄电池作为控制电源起着非常重要的作用，做好蓄电池的维护保养及故障处理，有利于保障列车安全运行。

任务实施

1. 学习环境。

本任务学习在城市轨道交通车辆专用一体化教室（配备多媒体），使用若干个城市轨道交通车辆模型等。

2. 学习步骤。

（1）分组讨论，以 5 ~7 人为一组完成工作任务。

①根据任务案例的要求，分析蓄电池常见故障，并制订故障处理方案。

②根据任务案例的要求，组织归纳知识点。

（2）按照表 2-2-1 整理制订学习工作单。

学 习 工 作 单　　表 2-2-1

工作单	蓄电池故障分析与处理		
任务	1. 根据控制电路找出蓄电池的保护设备有哪些； 2. 练习掌握蓄电池充电方法； 3. 练习蓄电池的常见故障处理		
班级		姓名	
学习小组		工作时间	
内容			

（3）小组内互相协助考核学习任务，组内互评；根据其他小组在成果展示活动中的表现及结果进行小组互评。

一、蓄电池的种类

蓄电池是将化学能与电能互相转换的装置,它把电能转变为化学能储存起来,使用时再把化学能转变为电能,而且变换的过程是可逆的,以上两个过程分别叫作蓄电池的充电与放电过程。

根据极板所用材料和电解液性质的不同,蓄电池一般可分为酸性(铅)蓄电池和碱性蓄电池两大类,常见的蓄电池有:碱性蓄电池(镉镍蓄电池)、酸性蓄电池或铅酸蓄电池等。

某些城市轨道交通车辆采用镉镍碱性蓄电池(GN－100)组,由74个蓄电池串联,每个蓄电池标称电压为1.25V,容量为100A·h,蓄电池组的标称电压为92.5V。蓄电池外形及安装如图2-2-2所示。

a)

b)

c)

d)

图2-2-2　蓄电池

二、蓄电池的组成

(1)正、负极:由活性物质和导电骨架组成。

(2)隔膜:用在正、负极板之间,防止正、负极板之间短路。

(3)电解液:在电池内部,起到离子导电的作用,使蓄电池内部形成通路。

(4)外壳:极板、电解液、隔膜组装在外壳内。外壳要求有良好的机械强度,且耐冲击,且耐腐蚀、耐高温/低温等。

(5)其他部件:如螺栓、螺母、垫片、弹簧、导线等。

三、镍镉蓄电池的工作原理

(一)化学反应

(正极)(电解液)(负极) 放电 (正极) (负极)

$2NiOOH + 2H_2O + Cd \rightleftharpoons 2Ni(OH)_2 + Cd(OH)_2$

羟基氧化镍 水 镉 充电 氢氧化镍 氢氧化镉

(二)过充电

(电解液)(负极)(正极)

$2H_2O \rightarrow 2H_2 + O_2$

水 氢气 氧气

四、蓄电池的基本特征

(一)电压

(1)标称电压(额定电压):碱性蓄电池的标称电压是1.2V。

(2)充电电压 U(V):给蓄电池充电时设定的电压。

(二)放电电流 I(A)

蓄电池工作时所产生的电流,其极板活性物质不同,产生的最大电流也不同。

放电电流一般以倍率C5A表示,例如:0.2C5A表示0.2倍率放电。

(三)容量 C(Ah)

在一定的放电条件下可以从蓄电池中获得的电能。

标称容量一般用C5表示,其含义是指以5h率放出的容量。如本项目用的LPH140A型电池,其标称容量(C5)为140Ah,即以0.2C5A(28A)放电达到5h以上。

五、蓄电池的维护

在蓄电池的日常维护中,补水是常态化的维护作业。在注水前,先根据蓄电池充电特性曲线对蓄电池进行充电,若充电电流在1h内几乎不变时,停止对蓄电池充电,静置2h后,开始补水。按以下顺序进行补水。

(1)将蓄电池的液口栓盖从电槽盖上取出。

(2)将液口栓盖对着3个排气筒插到底。插入时需检查栓盖有没有裂缝、劣化等,如图2-2-3a)所示。

(3)将精制水注入玻璃吸管内补水,进行充水时电解液液面会从注液部溢出。

(4)补水时,补到液位在补水指示棒的顶部位置(LEVEL的圆棒)时将液口栓盖拔出,电解液液面会自动降至最高液面线(UPPER LEVER)处,如图2-2-3b)所示。

(5)液口栓盖和电池盖的三角印方向对称,如图2-2-3c)所示。

六、蓄电池检修

蓄电池检修内容如下:

a)

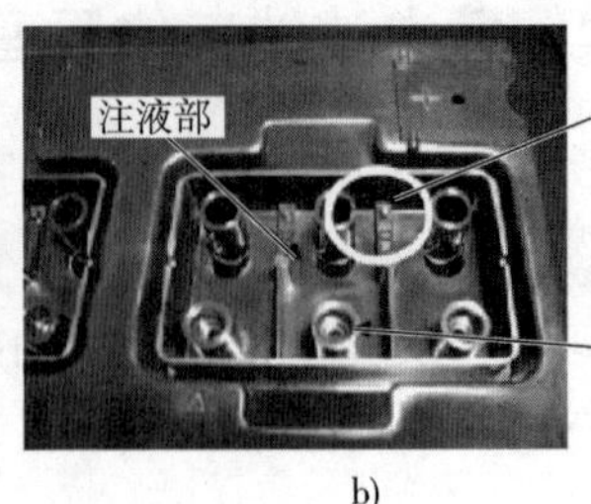

b)

c)

图 2-2-3　蓄电池补水

(1)检查蓄电池电解液的液面,应在最高与最低液面标志线之间。如果液面低于最低液面标志线,应补加纯净水。

(2)检测蓄电池的单体电压,如果电压低于 1.0V/节,必须立即充电。

(3)检查连接螺栓是否有松动现象,松动的螺栓用 8N·m 的扭矩扳手拧紧。此外,还应检查螺栓和连接线是否有腐蚀污染,腐蚀污染的螺栓和连接线应及时做清洁处理。

(4)当发现有如下异常情况时,应找出原因并更换有故障的电池:电压异常、物理性损伤(如壳盖有裂纹、变形等)、电解液泄漏、电池温度异常。

(5)故障电池更换:首先断开电池回路,用扳手小心松开故障电池的导线,然后再将电池搬出,换入新电池。

(6)应保持完整的蓄电池的运行记录。良好的记录将成为充电、维护或电池运行出现问题时采取正确措施的依据。

七、蓄电池控制和保护

(1)在驾驶台设置旋钮开关 TAS,可以切除/接通蓄电池与 DC110V 供电母线,用于实现列车睡眠/唤醒。

(2)每个 Tc 车低压箱内设有隔离开关 BIS,当蓄电池出现故障或要对与蓄电池相连的设备进行检修时,可以使蓄电池与负载和充电电源隔离。

(3)蓄电池箱体设有蓄电池温度传感器 NTC10K,实现蓄电池在充、放电循环过程中,电池温度不超过电池供应商提供的限定值(当检测到蓄电池的温度大于 75℃,蓄电池充电机断开,当蓄电池的温度低于 65℃后再接通),同时对充电电压进行温度补偿。

(4)在低压箱设置二极管防止逆流(从 DC110V 负载到蓄电池),当一个蓄电池充电机(即低压电源)发生故障时,与其相关的蓄电池不再被充电。

(5)在蓄电池正负端设置熔断器 160A,实现对蓄电池过流、短路保护,熔断器的辅助触点传输给 SKS,并由 TCMS 检测熔断器的状态。

(6)通过低压箱内的低压检测继电器检测蓄电池电压,当蓄电池电压低于 84V 时,通过切断供电接触器切断蓄电池负载保护蓄电池。

(7)通过驾驶台上的电压表可以读取所在单元的蓄电池的端电压值。

八、蓄电池主要故障和排除方法

蓄电池主要故障和排除方法见表 2-2-2。

蓄电池主要故障和排除方法　　表 2-2-2

序号	故　障	产生原因	排除方法
1	放电态蓄电池电压为低于1V	(1)电池过放电; (2)电池无电解液; (3)电池内部短路	(1)电池重新充电检查; (2)加电解液重新充电; (3)更换单体电池
2	容量降低	(1)充、放电制度不正确; (2)电池内部微短路; (3)电解液液量太少,低于最低液面线; (4)电解液中碳酸盐含量太高; (5)充电时环境温度太高或太低; (6)个别单体电池容量低于额定容量的70%; (7)使用仪表不正确; (8)电解液密度不在规定范围内,容量降低	(1)改用正确的充、放电制度; (2)更换单体电池; (3)补加电解液后,进行充电; (4)更换新的电解液后,进行充电; (5)控制充电房环境温度为20℃ ±5℃; (6)更换单体电池; (7)检查并校正所用仪表并消除线路上的其他故障; (8)调整电解液密度至规定范围
3	蓄电池爬碱或渗漏	(1)蓄电池倾覆或者倒置; (2)密封件失效; (3)蓄电池外壳损坏	(1)把蓄电池的回路断开; (2)佩戴防护橡胶手套、防护眼镜以及防护服,防止碱液烧伤; (3)把发生爬碱或者渗漏蓄电池与其他蓄电池断开; (4)把发生爬碱或者渗漏的蓄电池取出,用蘸有硼酸的抹布,把蓄电池外壳上的碱液擦拭干净
4	电解液泄漏	(1)充电时电解液面太高; (2)单体电池壳、盖损坏、封口不严; (3)极柱、气塞密封不严	(1)调整电解液高度至规定要求; (2)检查单体电池壳、盖有无损坏,必要时更换单体电池; (3)拧紧螺母,更换损坏的垫圈、密封圈
5	充电开始单体电池电压异常高	单体电池无电解液	加入电解液并调整液面高度
6	单体电池充电电压低于1.4V	(1)电池微短路; (2)充电时电解液温度过高	(1)更换单体电池; (2)降低充电温度
7	蓄电池内部析出泡沫	电解液内部含有有机杂质	更换电解液
8	单体电池外壳膨胀	(1)气塞孔堵塞; (2)使用不当造成极板膨胀	(1)用清水清洗气塞至畅通或更换新气塞; (2)以不影响使用为原则,否则更换单体电池

续上表

序号	故　　障	产 生 原 因	排 除 方 法
9	电池电解液消耗过快	严重过充或高温下使用	补加蒸馏水,调整液面,加强充电站通风降温措施,严格执行正确充电制度
10	金属零件锈蚀	工作环境中有酸性气体,空气湿度过大,电镀镍层被破坏	擦净连接板、螺母等金属零件并涂抹凡士林油,严禁在充电站及蓄电池工作区存放酸性物质
11	单体电池及连接板有异常发热现象	极柱螺母松动	拧紧螺母
12	正常环境中工作电流达不到要求	(1)个别单体电池短路; (2)极柱螺母松动	(1)更换单体电池; (2)拧紧螺母

城市轨道交通车辆蓄电池在实际应用中存在的问题比较多,主要有以下七种情况。

1. 液体渗漏现象

液体渗漏分为两类:一是加液时渗漏,这是由于人为操作或工具使用问题所致;二是运营过程中的漏液,包括两个方面,一方面是由于加注的蒸馏水超过规定的液面高度,在运用中车辆晃动引起漏液;另一方面可能与个别单体的工作电压不均有一定的关系。判断渗漏是蒸馏水还是电解液,要看是否有结晶体析出。有结晶体析出的渗漏是电解液,无结晶体析出的则是蒸馏水。

2. 单体电压存在不均衡现象

蓄电池在应用中经常会发生单体电压不均衡的现象,其原因一般是由于部分单体失水过多,而工作温度较高,影响其内部化学反应,久而久之电压差显现。发现这种问题时,需要将蓄电池组从车上拆下,在车下进行充、放电维护,使之活性物质重新活化,从而达到均匀压差的目的。

3. 蓄电池的"爬碱"现象

碱性蓄电池含有氢氧化钾(KOH)和氢氧化锂(LiOH)的碱性电解液,运用时间一长,电解液有爬上容器口的特性,称为"爬碱",蓄电池爬碱现象如图2-2-4所示。

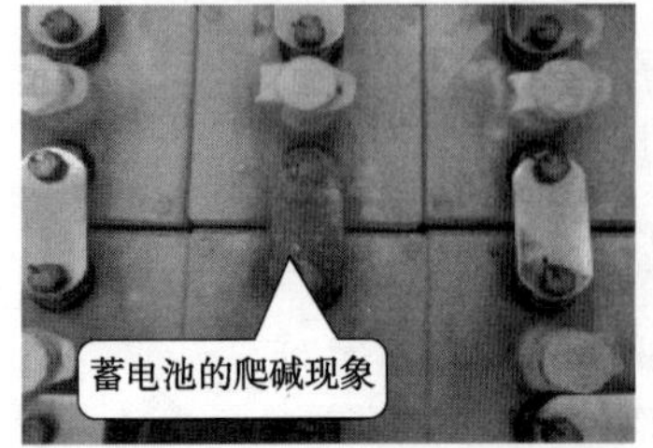

图2-2-4　蓄电池的爬碱现象

爬碱现象会引起蓄电池正、负极及其他回路自放电加大,降低蓄电池正、负极间和直流系统的绝缘,且消耗电解液,会腐蚀引线、端子。爬碱一般是由于极柱、螺母、垫圈等处的凡士林油涂抹不均;蓄电池内部的电解液液面过高;极柱、气塞密封不严,外溢电解液过多造成的。遇到这些情况时,如因电解液过多而引起液面外溢时,应吸出一部分至液面标准线。气塞密封不严,应更换密封件,并拧紧螺母。

4. 单体蓄电池烧损

在运营中,蓄电池烧损的现象也会偶尔发生,蓄电池烧损现象如图2-2-5所示。尤其是新车,在进行调试或蓄电池检修重新安装后出现这种情况居多,这将直接危及运营的安全。

其原因一般是作业人员未按标准操作，导致蓄电池连接板螺栓紧固不良。蓄电池在工作时，充、放电流较大，由于螺栓松动，端子接触不良，增大了接触电阻，使局部热量增大引起烧损。因此，新车到车辆段后，一些运营单位会组织人员重新对蓄电池接线端子进行力矩校正，以确保各连接螺栓紧固到位，避免出现该类现象。

5. 蓄电池极性接反

蓄电池组是多个单体串联在一起，在组装时由于作业人员不负责造成相邻电池极性接错，使单个蓄电池或多个蓄电池组长期处于放电状态，造成蓄电池亏电，单个或整组电池电压较低。蓄电池正、负极均有颜色标识，接线或检查时须注意。

6. 蓄电池温度传感器故障

蓄电池在充电过程中，因温度变化的不同充电电流也有一定的差别，通过温度传感器(图2-2-6)采集的蓄电池工作时的环境温度而不断调整充电电流，以满足不同温度下的充电电流值。由于蓄电池温度传感器连线较软，且易折断，温度传感器经常会发生线缆短路、断路、传感器反映不真实、传感器插头插接不良的故障。这些故障的发生，直接导致辅助逆变器的故障，造成辅助逆变器不工作，影响较大。因此，在日常检查时，要特别注意传感器的线缆，避免夹、折，用万用表测量传感器的探头电阻阻值，确保其工作时的可靠性。

图2-2-5　蓄电池烧损现象

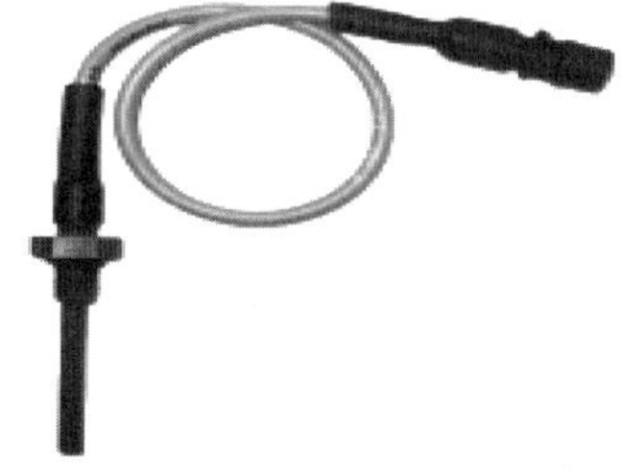

图2-2-6　蓄电池温度传感器

7. 运营维修中存在的问题

在实际运营维修中，发现除上述蓄电池故障外，还有蓄电池外壳壳体过热变形、机械撞击壳破损、蓄电池液面下降过多等问题存在，蓄电池壳体破损如图2-2-7所示，蓄电池液面下降过多如图2-2-8所示。

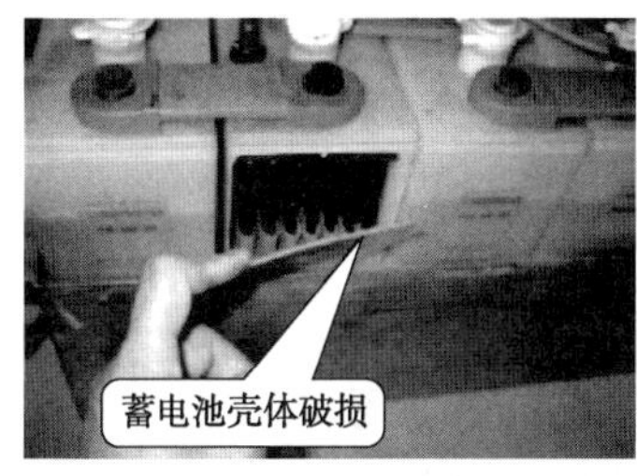

图2-2-7　蓄电池壳体破损

图2-2-8　蓄电池液面下降过多

蓄电池壳体具有防火、阻燃的特点，由无毒、不含卤的特殊PP材料或Grilon-VO组成，能承受一定的冲击力，在搬运、运输过程中也要避免机械撞击，以免造成壳体变形、损坏。

对于在相等使用条件下失水过多的蓄电池，通常在进行检查时要特别注意，一方面确认壳体无裂纹、渗漏现象；另一方面检查单体电池电压是否正常。如果检查都正常，重新补水后进行跟踪观察，否则需做更换处理。

蓄电池故障案例分析

1. 蓄电池反接

故障现象及发生经过：某列车进行三月检时，发现该列车某节车蓄电池开路电压只有85V，进行蓄电池单节电压测量，其中第九组电池电压只有1V，每个单节电池电压0.2V左右。

故障判断处理过程：晚上确认此故障时，发现该列车某节车主蓄电池第九组电压上升到5V（每个单节电池电压1V左右），但测量第十组和第九组串联电压为1.4V，而此时第十组电池电压为6.6V，另外还发现第九组电池的不锈钢槽上标签与其他槽标签不一致（应贴在箱体外侧），确认是第九组电池极性接反。经检修人员确认，对第九组蓄电池进行了更换，故障消除。

故障原因：由于该列车某节车主蓄电池在装配过程中工作人员的失误，导致第九组蓄电池与其他蓄电池反接，主蓄电池电压偏低，同时在后续的检测中未能及时发现、处理。

2. 蓄电池充电机严重故障（缺少15V电压）

故障现象及发生经过：某列车司机显示屏显示DC/DC严重故障。行车调度员立即将故障情况向轮值工程师通报。轮值工程师通知OCC运营控制中心行车调度员人员：上述故障经跟车的车辆技术人员处理后仍无法恢复正常，为避免故障进一步恶化而扩大影响，建议换车。

故障判断处理过程：故障列车入库后，检查该列车某节车蓄电池充电机故障代码显示为缺少15V电压，检修人员根据故障现象，针对性更换了SV74电子板，故障未能消除。推测为充电机模块内部15V电源故障；之后，检修人员更换了一个充电机模块，蓄电池充电机恢复正常工作。

故障原因：充电机模块内部15V电源故障导致蓄电池充电机故障。

3. 蓄电池充电机严重故障（无高压电输入及PGU单元无工作电压）

故障现象及发生经过：某天晚上，某列车2个蓄电池充电机故障，经车辆人员跟车处理，通过断合该列车某节车相关充电继电器后该蓄电池充电机恢复正常，而该列车另一节车蓄电池充电机一时无法修复，列车退出服务。

故障判断处理过程：第二天，该列车按计划转为三月检列车，停驶3天。几天后会同部件厂商的检修人员对该列车进行了检查，发现该列车某节车蓄电池充电机故障代码为1，为无高压电输入，按线路查找发现该列车另一节车PH箱中蓄电池充电机熔断器烧损，为过电流保护。之后，对整个该节车蓄电池充电机的充电线路进行了检查，发现蓄电池充电机输出变压器绕组绝缘已很低，决定更换变压器。在更换变压器的同时发现蓄电池充电模块上过压保护电路个别元件有烧熔迹象，考虑到蓄电池充电机输出变压器过流接地会对开关元件造成一定的损坏，决定更换蓄电池充电。更换完成后，通电检查该节车蓄电池充电机，仍不能正常工作。第二天，通过检查整个接线线路，并更换了 PGU 等插件，故障仍不能消除，故障代码显示为缺少供给 PGU 单元工作的电压。第三天，因已到修程结束的时间，通过协商决定更换整个该节车蓄电池充电机。更换后并于当天下午 14 时试验，蓄电池充电机工作正常，之后列车上试车线动调，晚上入库，完成三月检作业交车。

故障原因：蓄电池充电机输出变压器绕组绝缘破坏，导致变压器接地过流，并进而引起充电模块烧损和蓄电池充电机熔断器烧损。

项目知识小结

通过本项目的学习，使学生掌握城市轨道交通车辆辅助电源系统的结构及部件功能；掌握辅助逆变器常见故障现象及原因分析；学会辅助逆变器、蓄电池一般故障处理方法及日常维护工作。

项目达标检测

一、填空题

1. 辅助电源系统为(　　)、(　　)、(　　)和(　　)负载提供电源。

2. 辅助逆变器中的主要开关元件为(　　)。

3. 辅助电源系统具有(　　)功能。即当一台 SIV 发生故障时，还可由另外一台 SIV 为全列车提供负载供电。

4. 当网压正常，蓄电池电压能保证(　　)的起动。

5. 当 SIV 报轻故障停机后，按下(　　)按钮，逆变器控制模块将尝试从故障恢复到正常状态。

二、简答题

1. 对照电路图分析当单台 SIV 故障时，辅助电源系统如何实现扩展供电功能？

2. 简述列车蓄电池装置的作用。

3. SIV 故障可能造成哪些不良后果？

4. 简述蓄电池故障和主要排除方法。

三、综合训练

1. 模拟练习辅助逆变器故障排除操作程序。

2. 练习蓄电池的日常维护操作。

3. 模拟练习蓄电池故障排除操作程序。

项目三　城市轨道交通车辆控制系统故障分析与处理

学习目标

1. 结合列车起动操作和电路分析掌握列车起动操作的故障检查及处理程序。
2. 熟练掌握受电弓升降操作及升降过程中的故障处理程序。
3. 结合高速断路器的操作分析分合闸时的故障处理程序。
4. 掌握牵引控制单元 DCU 故障处理程序。
5. 结合控制电路分析掌握紧急制动不能缓解故障分析与处理程序。

对城市轨道交通车辆控制系统故障的处理首先要学会分析控制电路的工作原理，掌握电工基本知识，能熟练使用万用表等测量工具测量电路，从而在处理故障时能够清楚地知道是哪个元器件或者线路出现了故障，并及时采取相关处理方法。

在日常运营中经常发生控制系统故障，按故障原因可分为人为造成的接线错误、接线松脱等故障，还有电器部件本身性能方面的故障。当遇到控制电路方面的故障时，应对列车的功能进行全面了解后再综合分析考虑。电路故障对运营影响较大，尤其在运营中发生牵引、制动、受电弓、车门控制等故障时会直接引起列车清客、下线以致救援等事件发生。

本项目结合城市轨道交通车辆驾驶操作过程，对整个控制系统的故障分析主要分列车起动操作及故障分析与处理、受电弓升降操作及故障分析与处理、高速断路器分合闸操作及故障分析与处理、牵引控制单元 DCU 故障分析与处理、紧急制动不能缓解故障分析与处理五个学习任务来讲解。

任务一　列车起动操作及故障分析与处理

任务案例

1. 根据列车激活操作分析列车激活控制电路。
2. 列车激活时有哪些常见故障，如何处理？
3. 根据驾驶台的激活操作，分析驾驶台的激活控制电路。
4. 驾驶台激活时有哪些常见故障？ 如何分析与处理？

任务分析

本任务要求学生在掌握列车激活控制电路的前提下，重点练习列车激活和驾驶台激活的操作程序，并模拟练习列车激活和驾驶台激活时的故障处理。

1. 学习环境。

本任务学习在城市轨道交通车辆专用一体化教室（配备多媒体），使用若干个城市轨道交通车辆模型等。

2. 学习步骤。

（1）分组讨论，以5～7人为一组完成工作任务。

①查阅资料，参照本任务的知识导航和城市轨道交通车辆电气控制教材，完成任务案例1～4。

②在城市轨道交通车辆综合实训室进行驾驶操作练习和故障处理模拟练习。

③组织归纳知识点。

（2）按照表3-1-1整理制订学习工作单。

学习工作单　　表3-1-1

工作单	列车起动操作及故障分析与处理		
任务	1. 根据列车激活操作程序激活列车； 2. 分析列车激活控制电路； 3. 模拟列车激活操作故障处理； 4. 分析驾驶台激活控制电路； 5. 驾驶台激活操作，模拟故障处理		
班级		姓名	
学习小组		工作时间	
内容			

（3）小组内互相协助考核学习任务，组内互评；根据其他小组在成果展示活动中的表现及结果进行小组互评。

一、列车激活

（一）锁系统

锁系统由4个“锁等级”构成，具体如下。

1. 主钥匙（78#）

锁闭或打开驾驶室侧门、乘务员钥匙开关、驾驶室门和电子柜及设备柜。激活驾驶台和操作乘务员钥匙开关。

2. 乘务员钥匙（77#）

锁闭和打开驾驶室侧门、驾驶室门和乘务员钥匙开关。

3. 非限制模式（URM）钥匙

用于接通或切除ATP，此钥匙在两个位置均可取出。

4. 副作用锁

带防尘罩的 SVA(Southco Vice Action)锁 E3EMKA 安全副作用锁。

(二)列车激活

1. 列车激活的条件

(1)蓄电池电压大于 85V。

(2)3S01 置“ON”位。

(3)全部车钩连好。

2. 列车激活程序

列车激活程序如图 3-1-1 所示。

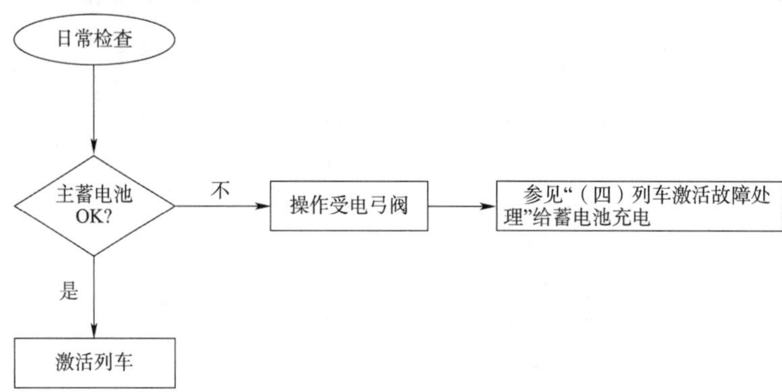

图 3-1-1　列车激活程序

3. 列车激活操作

列车激活操作如图 3-1-2 所示。

图 3-1-2　设备柜控制按钮

03P01——蓄电池电压表。

03S01——列车总控。

(1)目标:接通蓄电池给整列车供电。

(2)操作设备:03S01 瞬时旋转按钮。

(3)操作方法:将驾驶室设备柜中的瞬动旋转开关 03S01 转到右侧,03S01 用于接通或关闭整列车的蓄电池电源。它有 ON-0-OFF 三个位置,若向右则列车激活;若向左则列车锁闭;“合”“分”位不能持久,放手后应回“0”位。

(三)列车激活后的功能

1. 列车激活后自动连接的设备

(1)列车两端的红色运行灯。

(2)列车两端的红色头灯。

(3)无线电通信。

(4)PA 系统。

(5)空调系统保持开启。

2. 激活后在用接触网或车间供电时连接的设备

(1)辅助逆变器。

(2)蓄电池充电(经 DC/DC 变换器)。

(3)空气压缩机。

(4)220V 交流电源(在设备柜上的插座)。

3. 其他功能

(1)蓄电池电源指示器。

(2)用乘务员钥匙开门。

(3)受电弓和 HSCBS 的紧急断电(敲击式按钮 02S07 和 02S08)。

(4)客室内照明。

(5)车间电源。

(6)空调单元关闭(指示灯按钮可以操作)。

(四)列车激活故障处理

(1)蓄电池电压指示为 0 时的故障处理(图 3-1-3)。

(2)蓄电池电压显示大于 85V,但电源不持久(图 3-1-4)。

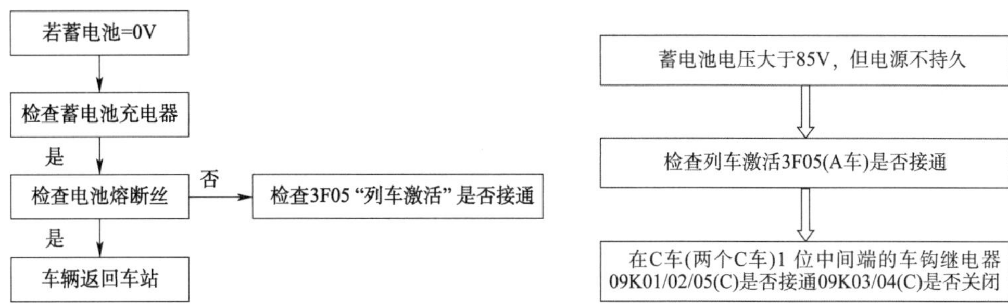

图 3-1-3　蓄电池电压指示为 0 时的故障处理

图 3-1-4　蓄电池电压大于 85V,但电源不持久的故障处理

(3)蓄电池电压显示小于 85V,但只在按下开关的短时间内状态不稳定(图 3-1-5)。

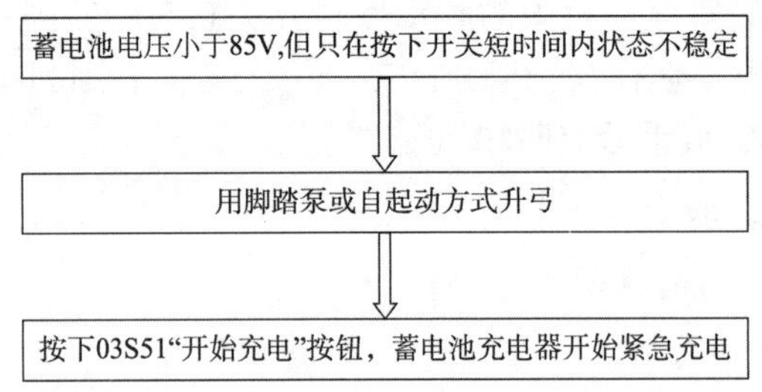

图 3-1-5　蓄电池电压小于 85V,但只在按下开关的短时间内状态不稳定的故障处理

二、驾驶台激活

(一)设备

司机控制器如图 3-1-6 所示。

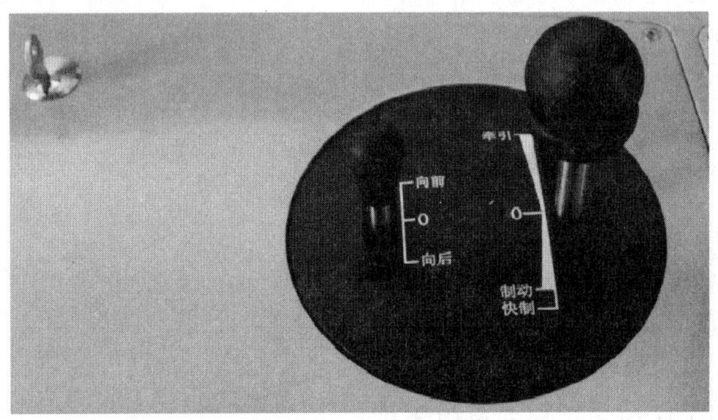

图 3-1-6　司机控制器

作用:控制列车牵引或制动。

组成:

(1)钥匙开关:“0”“1”两个位置。

(2)方向手柄:F(向前)、0(零位)、R(向后)。

(3)控制手柄:牵引、零位、制动、快速制动。

(4)警惕按钮:位于控制手柄顶端。人工驾驶时只有按下警惕按钮并推动控制手柄,列车才能起动。若松开警惕按钮 5s(可设),列车会产生紧急制动。

(5)电位器:在控制手柄底部连接一个电位器,当控制手柄从零位移向牵引或制动位时,输出 0 ~ 20mA 的电流到 RVC。

(二)驾驶台的激活

1. 列车起动程序

当列车被激活后,才能进行驾驶台的激活(图 3-1-7),之后才能进行升弓操作。

2. 驾驶台激活的条件

(1)列车激活(蓄电池向列车线 30420 供电)。

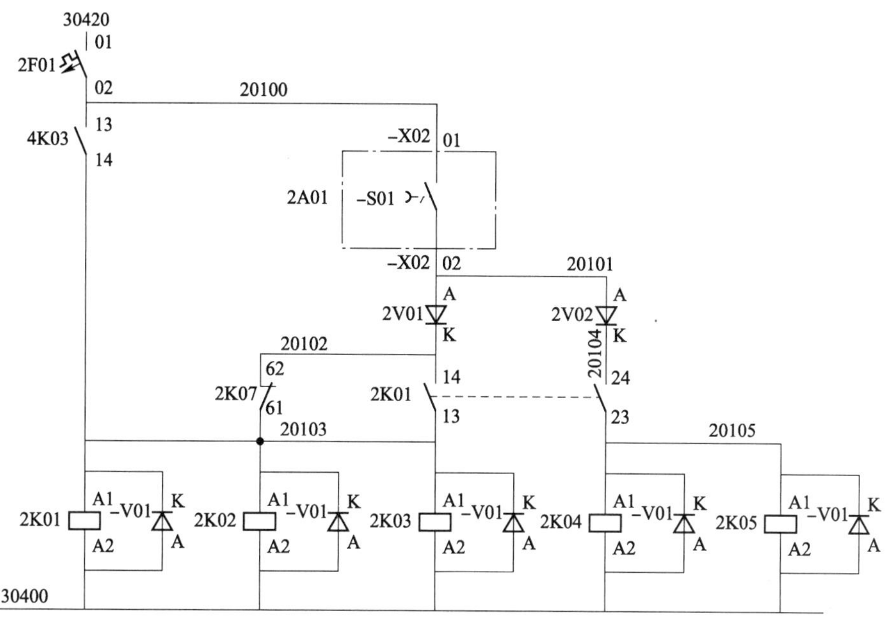

图 3-1-7　驾驶台激活电路

(2)另一个驾驶台未被激活(2K07 失电),如图 3-1-8 所示。

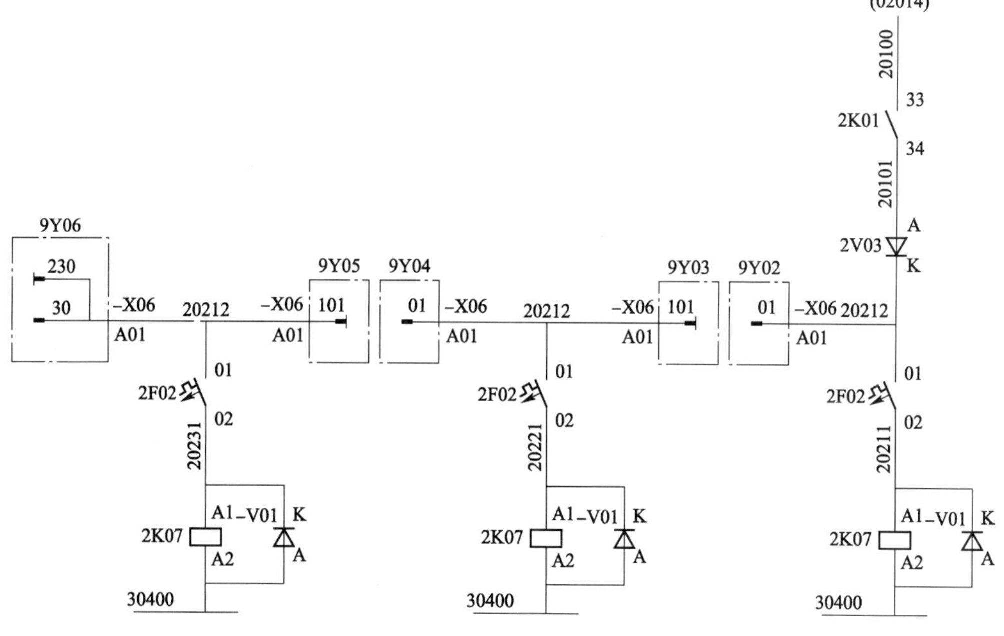

图 3-1-8　驾驶台激活电路

3. 驾驶台激活操作

(1)目标:解锁驾驶台,操作列车。

(2)操作设备:主钥匙(78#)。

(3)操作方法:用主钥匙(78#)将主控制器(02A01-位置3)的钥匙开关转到位置1。

“0”—“关闭”位置:只能在此位置取出或插入钥匙。在此位置主控器手柄和方式方向手柄不能操作并且都处于“0”位置。

“1”:如果列车上没有其他的驾驶台被激活,可通过转到此开关“1”激活驾驶台,然后在方式方向手柄“F”或“R”位置上驾驶列车。

(三)驾驶台激活后的功能

(1)升弓或降弓。

(2)高速断路器HSCB闭合或分断。

(3)缓解和施加停放制动。

(4)自动车钩解钩。

(5)集中控制门的开、关和再开闭。

(6)风笛操作。

(7)驾驶台阅读灯。

(8)空调单元的打开和关闭。

(四)驾驶台激活故障的处理

(1)若接通驾驶室主控器开关,但人机界面仍保持黑屏,检查第二个驾驶室是否激活,如果激活,应将其关闭。

(2)检查DCEQL-A屏上用于MMI的MCB(04F01“TCC电源”)。

(3)检查A车设备柜上的MCB(02F01“起动驾驶室”)。

(五)换端操作

在第一个驾驶室里:

(1)按下副驾驶台上的按钮02S06“停放制动施加”来实行停放制动。

(2)旋转主控制器上的钥匙开关(主钥匙)(02A01-位置3)到位置“0”,使该驾驶台锁闭。

①蓄电池保持接通。

②受电弓保持升起。

③HSCB保持接通。

换端到另一个驾驶室:

(1)旋转主控制器上的钥匙开关(主钥匙)(02A01-位置3)到位置“0”,使驾驶台锁闭。

(2)通过旋转主控制器上的钥匙开关(主钥匙)(02A01-位置3)到位置“1”来解锁驾驶台。

(3)通过按钮02S05“停放制动缓解”缓解停放制动。

注意:锁闭和解锁驾驶室之间的时间最少要10s,否则DCU的电源模块会发生故障。

(六)其他控制电路故障现象及应急处理

其他控制电路故障现象及应急处理见表3-1-2。

其他控制电路故障现象及应急处理　　表 3-1-2

序号	故障现象	故障处置方法	目的/说明
1	HMI 黑屏	检查并断合 CREC 电气柜内的 VCMeCB、HMICB，若故障无法消除，则运行到终点站退出服务	排除 VCMe、HMI 的瞬间电气故障
2	TCMS 系统严重故障	（1）HMI 上显示 TCMS 系统严重故障，若能正常牵引，则运行到终点站检查并断合两端 CREC 电气柜内的 VCMeCB；若故障无法消除，则在终点站退出服务	排除 VCMe 瞬间电气故障
		（2）无法正常牵引，检查并断合两端 CREC 电气柜内的 VCMeCB	排除 VCMe 瞬间电气故障
		（3）将紧急牵引/洗车开关打到紧急牵引位（EMTS）（此时限速 25km/h），就近清客下线	

司机控制器警惕按钮故障案例

1. 故障描述

（1）某车在某站上行牵引，走了几米列车触发紧急制动，紧急制动可以缓解，再走几米再次触发紧急制动，司机切除 ATP 后故障仍未消除。

（2）驾驶室警惕按钮失效，当松开按钮，不触发紧急制动。换端或者从 ATO 模式切换为手动模式后发现强迫零位，警惕按钮监控。故障代号 44：牵引/制动中级故障。

2. 故障分析及处理

（1）回库检查后发现司机控制器警惕按钮触点有时失效，无法吸合。厂家更换了司机控制器。

（2）对司机控制器进行了拆解检查，发现驱动行程开关的传动机构在按钮未按下时，不能复位，一直处于吸合状态，厂家进行了处理。警惕按钮监控的触发条件为列车时速大于 4km 时在非激活端按下警惕按钮超过一分钟就会触发，因此在警惕按钮故障一直吸合的情况下，控制系统将此驾驶室的牵引封锁保障安全。警惕按钮监控触发逻辑见表 3-1-3。

警惕按钮监控触发逻辑　　表 3-1-3

警惕按钮监控	
&	驾驶室没有激活
	警惕按钮按下
	时速超过 4km/h
	警惕按钮没有旁路

任务二　受电弓升降操作及故障分析与处理

1. 在城市轨道交通车辆实训室练习受电弓升降弓操作，设置故障，进行故障处理练习。

2. 城市轨道交通车辆受电弓在有电无气/有气无电/无气无电三种情况下，如何升弓？请找出解决方案。

任务分析

本任务要求学生在掌握受电弓控制电路的前提下，重点练习受电弓的操作程序，并模拟练习受电弓在有电无气/有气无电/无气无电三种情况下的升弓操作程序。

任务实施

1. 学习环境。

本任务学习在城市轨道交通车辆专用一体化教室（配备多媒体）、城市轨道交通车辆综合实训室。

2. 学习步骤。

（1）分组讨论，以5～7人为一小组完成工作任务。

①根据任务案例1、2查阅资料，熟练掌握升降弓操作程序及前提条件（注意与受电弓控制电路的对应分析）。

②在综合实训室练习特殊情况下的升弓操作。

③组织归纳问题1、2的知识点。

（2）按照表3-2-1整理制订学习工作单。

学习工作单 表3-2-1

<table>
<tr><td>工作单</td><td colspan="3">受电弓升降操作及故障分析与处理</td></tr>
<tr><td>任务</td><td colspan="3">1. 分析受电弓的升降弓操作程序；
2. 分析升降弓检测电路和7U01的作用；
3. 分析练习三种特殊情况下的升弓方法；
4. 分析整理受电弓故障处理方法</td></tr>
<tr><td>班级</td><td></td><td>姓名</td><td></td></tr>
<tr><td>学习小组</td><td></td><td>工作时间</td><td></td></tr>
<tr><td colspan="4">内容</td></tr>
<tr><td colspan="4"></td></tr>
</table>

知识导航

一、受电弓升、降弓操作

（一）升弓条件升、降弓动作要求

1. 升弓条件

（1）风缸里压缩空气的气压应达到最小工作气压，控制电压应达到最小工作电压。

（2）驾驶台激活。

（3）没有使用车间电源供电。

(4)紧急制动缓解。

2. 升、降弓动作要求

升、降弓由动作风缸进行控制,动作风缸由缓冲阀控制,缓冲阀是电控阀。该控制气路可保证:

(1)受电弓无振动而有规律地升起,直至最大工作高度。

(2)受电弓弓头从开始上升算起,最多在8s内无异常冲击地抵达接触网线上。

(3)降弓应先快后慢,快速脱离接触网线,缓慢接近落弓位置以减少冲击。

(4)实现不会使受电弓及其他车顶设备受到任何损坏的完全降弓。

(二)升弓过程及操作程序

受电弓控制电路如图3-2-1所示。

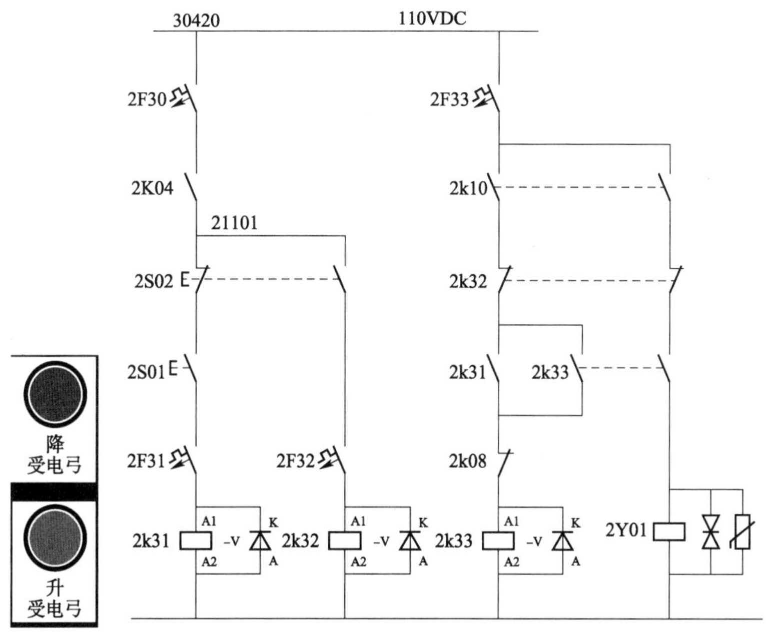

图3-2-1　受电弓控制电路

1. 升弓过程

升弓时,电磁阀得电,打开受电弓气缸与受电弓的回路,压缩空气驱动SBF920受电弓的主要拉伸弹簧将受电弓框架拉起,直至接触到接触网或达到受电弓锁销的高度。

升弓时,电磁阀得电,打开受电弓气缸与受电弓的回路,压缩空气进入TSG18F型受电弓的受电弓底架上的气阀箱后分为两条支路,分别向受电弓的两个升弓气囊供气,压缩空气进入升弓气囊后,气囊膨胀抬升,抬升的气囊带动钢丝绳拉拽下臂杆,使下臂杆转动,使受电弓逐渐升起,直到受电弓弓头与网线接触并保持规定的静态接触压力。

受电弓升弓过程中,由于气囊或气缸内的升弓弹簧的形变速度随着风缸的充气而逐步降低,外部的表现为,升弓初期升弓速度较快,随着气缸/气囊内的压缩空气的压力不断增大,升弓速度越来越慢,直到弓头滑板与接触网接触并达到一定的压力后停下。这样可以减少弓网间的冲击。

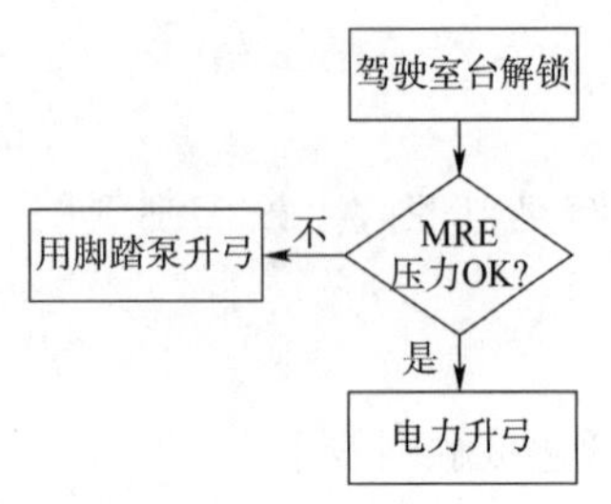

图 3-2-2 升弓程序

升弓程序如图 3-2-2 所示。

2. 升弓操作

(1)操作目标:向 2Y01 供电。

(2)操作设备:升弓按钮 2S01。

(3)操作方法:按下驾驶台上的按钮 2S01(升弓),同时升起六车编组列车的两个受电弓,对于部分列车(三车单元),用同样的按钮升起一个受电弓,受电弓在 20s 内升起。

(三)降弓过程及操作程序

1. 降弓操作

(1)操作目标:使 2Y01 失电。

(2)操作设备:降弓按钮 2S02。

(3)操作方法:按下驾驶台上的 2S02 按钮(降弓),同时使门车编组列车的两个受电弓降落。

2. 降弓过程

(1)B2 型车:司机在驾驶室按下降弓按钮后,升弓电磁阀失电,向受电弓供应的压缩空气被切断,气缸里的压缩弹簧动作,通过下支架上的活塞和活塞杆起作用,完成降弓过程。

(2)B4 型车:司机在驾驶室按下降弓按钮后,升弓电磁阀失电,向受电弓供应的压缩空气被切断,受电弓的升弓电磁阀将受电弓气路与大气连通,气囊升弓装置排气,受电弓靠自重下降,直到顶管降下并保持在底架的两个橡胶止挡上,完成降弓过程。整个受电弓降弓过程表现为降弓初期速度较快,快速离网可以减小弓网间的拉弧概率,而降弓后期速度会逐渐降低,这样可以减小对于下框架的冲击。

(四)升、降弓检测

1. 升弓检测(1 号线车辆)

为了检测受电弓是否接触到接触网,可对其实行电压检测,如图 3-2-3 所示。触头串联在受电弓检测电路中,当 $U>1000$V 时,触头 2.01 ~ 2.02 闭合,受电弓按钮绿灯亮。

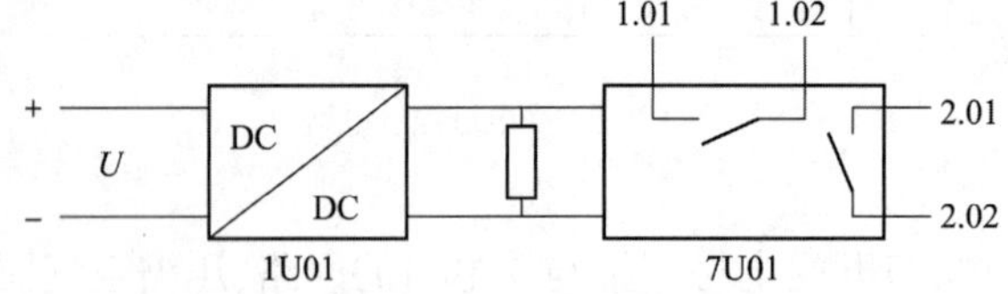

图 3-2-3 电压检测

1U01-直流电压变换器;7U01-电压继电器

2. 降弓检测

为了检测受电弓是否降落到锁定位置,可通过位置传感器 7B01 进行检测。当受电弓接近 7B01 时,其接点 1.3 ~ 2.4 接通,降弓按钮红灯亮。

二、特殊情况下的升弓方法

(一)有气无电状况下升弓操作

将一端 B 车设备柜 B48 内受电弓 U09 阀顶上的旋钮打至垂直位置,使受电弓升弓,储风缸空气连接到升弓风缸，由于储风缸气压足够，所以受电弓自动升起，再通过从车门处观察确认受电弓升起并且与接触网接触好。

(1)将B车设备柜B51面板上充电机应急起动按钮(31-S204)按下5s，让紧急起动单元起动辅助逆变器充电机(这时可以听到B车辅助逆变器风机起动，即辅助逆变器已起动)。

(2)辅助逆变器开始工作并对本端蓄电池进行快速充电，此时观察驾驶室蓄电池电压上升操作106V后，且电压稳定，复位U09阀顶的旋钮至横向位，将受电弓降下。

(3)激活列车及驾驶室，按下升弓按钮(21-S02)后，确认升弓指示灯亮，HMI显示屏上受电弓状态正确及网压正常，DC/DC和DC/AC工作正常、蓄电池电压稳定上升，当蓄电池电压升至116V以上，说明列车蓄电池已充满电。

(二)有电无气状况下的升弓操作(电动泵)

由于B4型车采用气囊弓，所需升弓压力大(需5bar以上气压)，无气升弓时踩脚踏泵费时费力，因此B4型车奇数单元B车(B1车)加装了电动升弓泵(偶数单元B车仍设置脚踏泵用于无电无气升弓及备用)，如图3-2-4所示，其操作方法如下：

(1)将奇数端B车受电弓柜电动升弓泵背面升弓选择开关27-S201打至开位，如图3-2-5所示。

a)

b)

图3-2-4　电动升弓泵

图3-2-5　升弓选择开关

(2)将奇数端B车继电器柜微动开关辅助升弓27-F202合上(第一排最后一个)，如图3-2-6所示。

(3)检查列车蓄电池电压足够，并激活列车。激活列车后，按压升弓按钮，如图3-2-7所示，此时电动泵应处于起动状态。

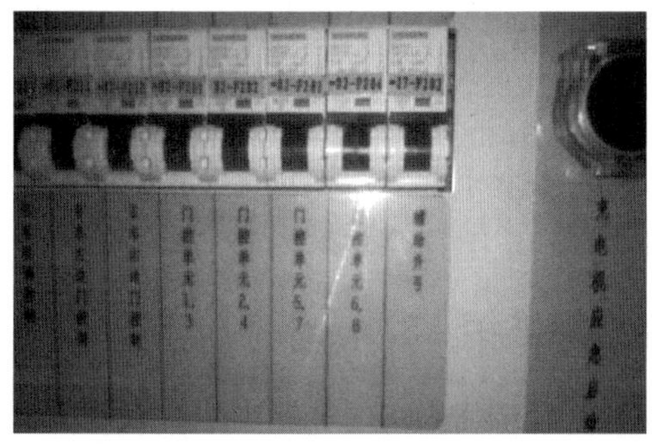

图3-2-6　B车电子柜微动开关

图3-2-7　受电弓升、降弓按钮

图 3-2-8　升弓风缸气压表

(4)电动泵打气,当受电弓升弓风缸 U13 气压指示大于 6.5bar(图 3-2-8)时电动泵停止工作,此时查看本端受电弓应处于升起状态,空压机打气,偶数端受电弓也将随之升起。

(5)当主风管气压达到 9bar 时,空压机停止打气,此时打下奇数端 B 车辅助升弓微动开关 27-F202,将电动升弓泵背面升弓选择开关 27-S201 打至关位,重新粘贴好微动开关 27-F202 标识,如图 3-2-5 所示。

(三)有电无气状况下升弓操作(脚踏泵)

(1)激活蓄电池,开主控钥匙,通过升降弓按钮指示灯和 HMI 显示屏监控受电弓状态。

(2)按压升弓按钮,脚踩脚踏泵给升弓气缸充气,通过升弓压力开关观测压力标 U13 读数,B2 型车需超过 2bar,B4 型车需超过 5bar,此时受电弓应该升起,再通过从车门处观察确认受电弓升起并且与接触网接触好。

(3)受电弓升起后,辅助逆变器开始工作,提供 380V 交流电源激活空压机工作,等待空压机打气完毕(主风缸气压升至 9bar)。

(4)降弓、关蓄电池。

(5)等待 20s 后重新激活蓄电池,升弓后,确认升弓指示灯亮、HMI 显示屏上受电弓状态正确,网压显示正常,DC/DC 和 DC/AC 工作正常。

(四)无电无气状况下升弓操作

(1)将一端 B 车设备柜 B48 内受电弓 U09 阀门的手柄打至垂直位置,脚踩脚踏泵给升弓气缸充气,通过升弓压力开关观测压力表 U13 读数,B2 型车应超过 2bar,B4 型车应超过 5bar,此时受电弓应该升起,再通过从车门处观察确认受电弓升起并且与接触网接触好。

(2)将 B 车设备柜 B51 面板上充电机应急起动按钮(31-S204)按下 2 ~ 3s,让紧急起动单元起动辅助逆变器充电机(这时可以听到 B 车辅助逆变器风机起动,即此辅助逆变器已起动)。

(3)辅助逆变器开始工作并对蓄电池进行快速充电,此时观察驾驶室蓄电池电压上升超过 106V 后电压稳定。

(4)激活列车及驾驶室后,按升弓按钮(21-S02)后,确认升弓显示灯按钮和 HMI 显示屏上受电弓状态正确,网压显示正常。等待空压机打气完毕(主风缸气压升至 9bar)。

(5)降弓、关蓄电池,复位 U09 阀门的手柄打至横向位。

(6)等待 20s 重新激活列车、升弓后,确认升弓指示绿灯亮、HMI 显示屏上受电弓状态正常及网压正常,DC/DC 和 DC/AC 工作正常,蓄电池电压稳定上升。

三、受电弓操作检查与维护

升弓前需把两个接地隔离开关均打到"受电弓"位;且未插入车间电源插头。对受电弓的控制采用硬线控制方式。采用硬线控制时,其升降弓由降双弓、升前弓降后弓、升双弓、升后弓降前弓四位置开关控制，列车共设置升前弓列车线、降前弓列车线、升后弓列车线、降后弓列车线，实现各种升降弓组合控制。设置压力开关，当受电弓升弓到位或降弓到位时，能输出其状态。每个受电弓的状态显示在驾驶室的MMI上，并在驾驶室上设置指示灯显示整个列车受电弓状态。

四、受电弓故障处理

驾驶台激活后，受电弓不能升起时的检查流程：

(1)检查MRE(主风缸管)压力：PMRE≥3.5bar(驾驶台上的双针压力表的白色指针)。

(2)检查蓄电池电压，检查欠压继电器03K05、开关03S01。

(3)按下02S01升弓按钮。

(4)检查是否所有受电弓都已起升。

(5)MMI显示无网压，02S02降弓指示灯点亮。

(6)如果风压低但蓄电池电压良好，使用车间辅助供风或B车上的脚踏泵机械升弓(有电无气升弓)。

(7)如果蓄电池欠压继电器激活，但空气压力高，有气无电升弓。

(8)如果风压低但蓄电池欠压继电器激活，无气无电升弓。

(9)检查B车车下高压箱的隔离和接地开关Q1/Q2是否在正常位置(即架空网线路供电)。

(10)检查B车二位中间端的受电弓阀(U03,02Y01)是否处于工作位。

(11)检查牵引逆变器高压设备箱是否关闭。

(12)检查是否PH箱车间电源插X11与外部电源相连接或车间电源插座盖没关好(车间电源插座位于B车PH箱高压元件右侧)。

(13)检查位于A车司机座椅后的设备柜的MCBS(微型断路器),02F01(A)“起动驾驶室”、02F02(A)“受电弓指令”(2F30)。

(14)检查位于B车一位中间端设备柜的MCBS,02F03(B)“受电弓指令”(2F33)、02F21(B)“牵引逆变器和高压设备箱电源”。

(15)检查TCC是否受到干扰，驾驶台上的左监控器必须激活，监控器应无错误信息显示。

(16)检查受电弓锁钩是否仍在起作用，如果是，则释放锁钩。

任务三 高速断路器分合闸操作及故障分析与处理

任务案例

1. 练习高速断路器(HSCB)闭合分断操作，根据图3-3-1分析高速断路器合闸条件。
2. 分析高速断路器控制。
3. 学会高速断路器控制故障处理。

高速断路器是列车的总开关和总保护，本任务通过对高速断路器的分合闸操作和故障设置及处理的联系掌握高速断路器操作控制及故障处理流程。

1. 学习环境。

本任务学习在城市轨道交通车辆专用一体化教室（配备多媒体）、城市轨道交通车辆综合实训室。

2. 学习步骤。

（1）分组讨论，以5～7人为一小组完成工作任务。

①根据任务案例1～3查阅资料，各小组讨论分析。

②在城市轨道交通车辆综合实训室进行主断分合闸操作，并结合电路分析练习。

③参照资料和知识导航，组织归纳知识点，完成工作单内容要求。

（2）按照表3-3-1整理制订学习工作单。

学 习 工 作 单　　表3-3-1

工作单	高速断路器分合闸操作及故障处理		
任务	1. 分析电路，指出高速断路器的合闸条件； 2. 学习如何判断高速断路器状态； 3. 如何判断和处理高速断路器的故障		
班级		姓名	
学习小组		工作时间	
内容			

（3）小组内互相协助考核学习任务，组内互评；根据其他小组在成果展示活动中的表现及结果进行小组互评。

一、高压箱与高速断路器

牵引供电电源DC1500V是通过受电弓从架空接触网上得到的。例如，某城市地铁1号线受电弓安装在A车车顶，电流从受电弓终端流到A车车底的高速断路器，而高速断路器装在高压箱（牵引—高压）内。例如，某城市地铁2号线列车受电弓安装在B车车顶。电流从受电弓终端流到位于B车底架下部的逆变器箱。

B车和C车的牵引逆变器由高速断路器供电。

辅助逆变器（输出3N/AC380V）和蓄电池充电器（输出DC110V）也由高压箱供电，并带有熔断器保护。

当电流大于1500A时，高速断路器主触头自动断开。

二、高速断路器(HSCB)分合闸操作及状态判断

(一)高速断路器分合闸操作

高速断路器控制电路,如图 3-3-1 所示。

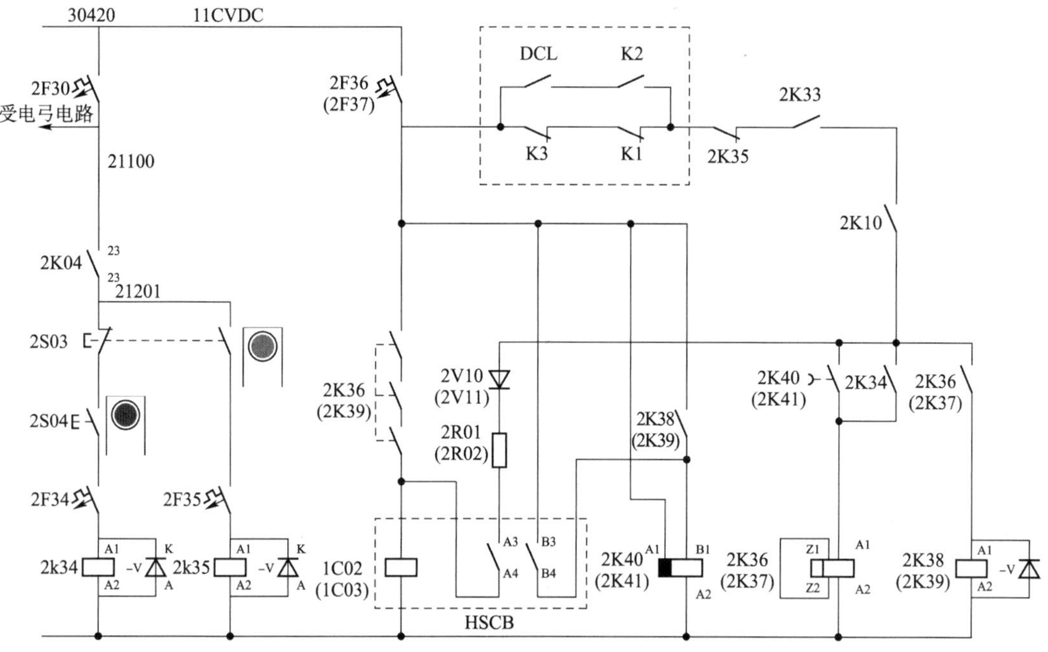

图 3-3-1　高速断路器控制电路

1. 合闸条件

(1)列车激活(列车线 30420 有电)。

(2)驾驶台解锁(2K04 得电动作)。

(3)紧急制动缓解(2K10 动作)。

(4)分闸(2K35 失电,其反联锁闭合)。

2. 激活程序

高速断路器激活程序,如图 3-3-2 所示。

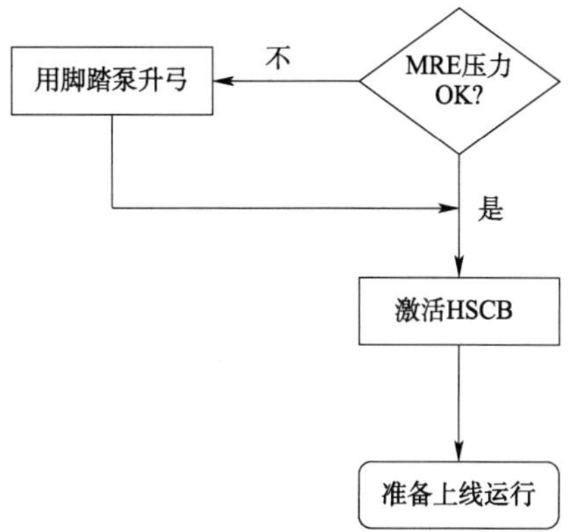

图 3-3-2　高速断路器激活程序

3. 高速断路器闭合操作

(1)操作目标:HSCB 线圈。

(2)操作设备:分断按钮 2S03。

(3)操作方法:按下驾驶台上的按钮 2S03(分闸),分断 HSCB。

(二)高速断路器状态判断

(1)当主断合按钮绿灯亮时,所有高速断路器闭合。

(2)当主断分按钮红灯亮时,所有高速断路器断开。

(3)红灯和绿灯都不亮时,所有高速断路器处于不同的状态。

三、高速断路器故障处理

高速断路器合闸操作后,主断不闭合,主断分按钮红灯亮,故障处理程序如下:

(1)接通副台上 02S04“高速断路器闭合按钮”,若闭合,则是主台高速断路器按钮故障,如 MMI 上仍有故障显示,或 02S03“高速断路器断开”按钮仍为红色,则操作(2)。

(2)检查“升弓”功能是否起作用,若正常,则操作(3)。

(3)检查紧急制动按钮是否按下,若按下,复位紧急制动按钮,若没有按下,则操作(4)。

(4)检查 2F03、2F04、2F05(HSCB 主控)是否断开。

高速断路器控制

高速断路器列车控制电路,如图 3-3-3 所示。

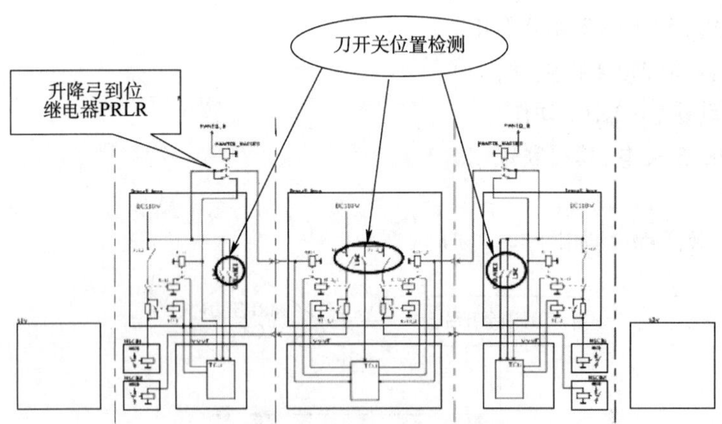

图 3-3-3　高速断路器列车控制电路

Mp 车上的两个高速断路器安装在一个箱体内,一个给 Mp 车牵引系统供电,另一个给 M 车牵引系统供电。这说明 M 车在正常运行时,是由两个受电弓同时供电的。

(1)Mp 车的 TCU 控制同在 Mp 车的高速断路器,但 M 车的 TCU 控制两个 Mp 车上的高速断路器。

(2)高速断路器的开关状态通过辅助触点,由 TCU 监测。

(3)TCU 集合自己内部控制逻辑,控制高速断路器的开断:

在第一阶段两个继电器(K112,K113)闭合,高速断路器在大电流脉冲下闭合;0.5s 后一个继电器(K113)断开,通过电阻限制输入到高速断路器的电流。

(4)高速断路器闭合使能需要的条件:受电弓升弓;牵引系统内部控制逻辑;司机操作闭合按钮(只在网络正常时此按钮有效);转换开关在线路上的位置;受电弓降弓信号未激活。

(5)当一个受电弓故障时,受电弓升弓到位继电器无法闭合,与之相关的两个高速断路器也无法闭合,即通过两个高速断路器将故障受电弓隔离。

(6)紧急牵引时,高速断路器由牵引逆变器通过硬线自动控制开断。

接地隔离开关如图 3-3-4 所示,每辆动车底架下装有高压箱。高压箱有两种类型:一种安装在每个 Mp 车下;另一种安装在 M 车下。安装在 M 高压箱中的接地隔离开关只有受电弓位和接地位。安装在 Mp 车下的高压箱,隔离开关有三个挡位,即受电弓位、接地位和车间电源位。

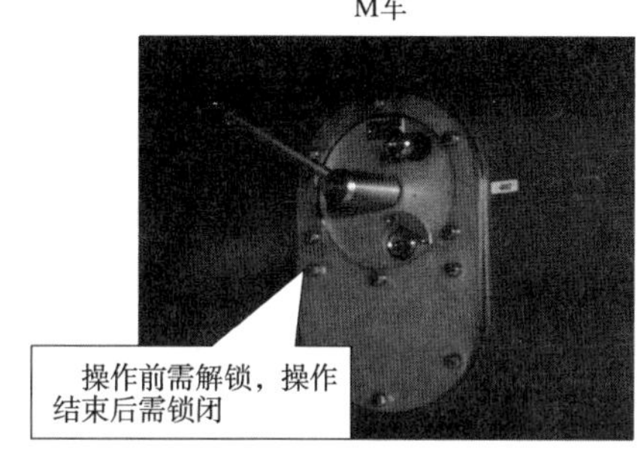

图 3-3-4　接地隔离开关

任务四　牵引控制单元 DCU 故障分析与处理

任务案例

1. 分析 DCU 的系统构成及主要功能。

2. 根据 MMI 显示屏状态显示判断 DCU 故障等级,学会 DCU 故障处理方法。

任务分析

通过本任务的学习和训练,要求学生掌握牵引控制单元 DCU 的功能及系统构成,学会根据车辆显示屏 MMI 判断 DCU 的故障等级,掌握 DCU 故障时的分析处理程序。

任务实施

1. 学习环境。

本任务学习在城市轨道交通车辆专用一体化教室(配备多媒体)、城市轨道交通车辆综合实训室。

2. 学习步骤。

(1)分组讨论,以 5 ~ 7 人为一组完成工作任务。

①根据任务案例，查阅资料，各小组分析讨论 DCU 系统构成及主要功能。

②在城市轨道交通车辆综合实训室通过模拟操作练习判断 DCU 的故障等级，并学会正确快速地处理 DCU 故障。

③组织归纳知识点。

(2)按照表 3-4-1 整理制订学习工作单。

学习工作单　　表 3-4-1

工作单	牵引控制单元 DCU 故障分析与处理		
任务	1. DCU 功能； 2. DCU 故障等级； 3. DCU 故障处理程序		
班级		姓名	
学习小组		工作时间	
内容			

(3)小组内互相协助考核学习任务，组内互评；根据其他小组在成果展示活动中的表现及结果进行小组互评。

知识导航

一、牵引控制单元的功能

地铁列车牵引/制动系统采用冗余设计，每节动车配置一台牵引逆变器，由一个牵引控制单元控制。

牵引控制单元(DCU)负责控制和监控牵引逆变器的大部分功能。它是计算机软硬件的结合体，具有自诊断、故障诊断、存储功能和自监视功能。

其故障诊断包括牵引控制单元、VVVF 逆变器和其他牵引控制单元有关的设备。

故障采用代码化，故障资料包括故障点数据和历史资料，对牵引/制动用的各种信号进行记录。

牵引控制单元(DCU)的主要功能如下：

(1)牵引系统的控制与调整。

(2)脉冲模式的产生与优化。

(3)VVVF 与牵引电动机的控制与保护。

(4)对列车状态的监测与保护：HSCB 高速断路器、K1 和 K3 和 K4 接触器及车门的状态、气制动缓解、牵引/制动、列车向前/向后及慢行等。

(5)再生制动与电阻制动的控制与调节。

(6)电制动与气制动的自动转化及列车保压制动的实现。

(7)防滑/防空转保护及载荷调整。

(8)逆变器线路滤波电容的充、放电控制。

(9)列车速度的获取与处理及自动计算停车距离。

(10)列车牵引控制系统的故障诊断与存储。

(11)为其他控制系统提供列车状态信号。
(12)提供串行接口与 PTU 连接,进行监测与控制。
(13)提供"黑匣子"功能:0 ~470s,记录 U、I、V、列车状态、走行距离。
(14)提供"看门狗"功能。

二、牵引控制单元故障处理

(一)故障等级的划分

(1)一级故障:轻微故障(不影响服务,可运营结束后处理)。
(2)二级故障:中等故障(影响服务,但可运营到终点站退出服务)。
(3)三级故障:严重故障(影响服务,至少到下站清客退出服务或请求救援)。

(二)牵引控制单元轻微故障处理

(1)在一个或几个动车上一直存在,可以维持运营,但需报告运营控制中心 OCC。
(2)4 个牵引控制单元轻微故障处理程序,如图 3-4-1 所示。

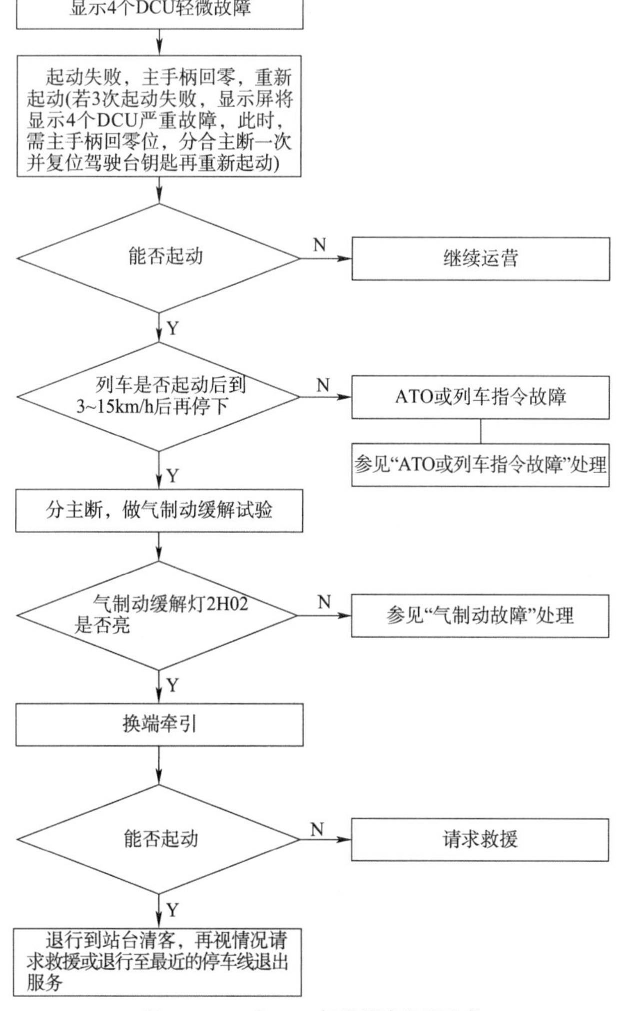

图 3-4-1　4 个 DCU 轻微故障处理程序

(三)牵引控制单元中等故障处理

(1)1 个牵引控制单元中等故障:维持运营,报告运营控制中心 OCC。

(2)2 个牵引控制单元中等故障:在本站或下一站用主控钥匙复位,然后报告运营控制中心 OCC,如能恢复正常,则继续运营;若故障一直存在,到下一车站清客退出服务。

(3)3 个牵引控制单元中等故障:在本站或下一站用主控钥匙复位,然后报告运营控制中心 OCC,如能恢复正常,则继续运营;若故障一直存在,则请求维持运营到前方终点站退出服务。

(4)4 个牵引控制单元中等故障处理程序,如图 3-4-2 所示。

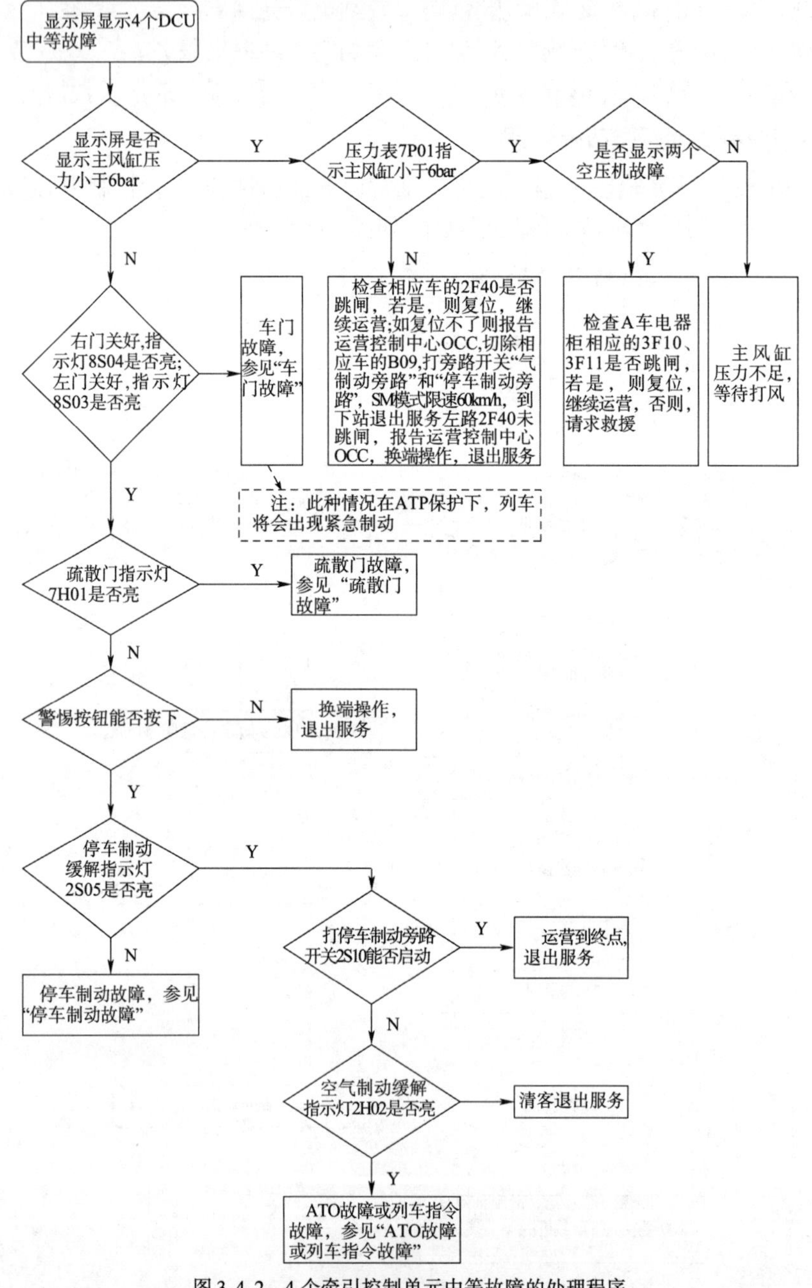

图 3-4-2　4 个牵引控制单元中等故障的处理程序

巩固拓展

DCU/UNAS 与其他系统的接口

牵引制动系统与其他系统的接口主要表现在 DCU/UNAS 与其他系统的接口,如图 3-4-3 所示。

TCMS 与信号系统接口及功能

(1)TCMS 可以配合信号系统实现以下子功能:

①执行 ATO 驾驶模式的自动列车控制,ATC 通过列车网络发送所需的驾驶需求(尤其是作用力需求)至 TCMS,TCMS 处理该信息,生成牵引和制动作用力需求发送至 PCE 或 BCE。

②发送各监控轮轴的绝对速度(与车轮直径相关)至 TCMS。

(2)TCMS 向 ATC 发送以下数据:

①TCMS 状态;

②列车参考速度;

③列车状态;

④列车模式(方向、驾驶模式、牵引/制动等);

⑤请求的 ATC 模式。

(3)ATC 向 TCMS 发送以下数据:

①ATC 状态;

②ATC 故障状态;

③ATC 模式状态;

④ATC 驾驶模式状态;

⑤ATC 参考速度和零速;

⑥ATC 授权的速度/距离信息;

⑦ATC 定位和车站索引以及地铁线;

⑧ATC 牵引/制动请求和作用力命令;

⑨ATC 紧急制动状态;

⑩ATC 车门侧授权;

⑪ATC 车门开启/关闭;

⑫ATC 自动测试结果。

任务五　紧急制动不能缓解故障分析与处理

任务案例

1. 电客车司机在运行中,列车发生紧急制动时应如何处理?

2. 列车常用制动故障有哪些?

3. 分析紧急制动不能缓解的原因。

4. 总结紧急制动不能缓解的故障处理方法。

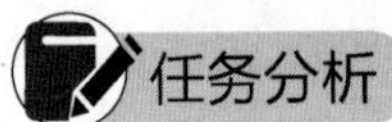

任务分析

列车制动系统的故障会在不同程度上影响运营,快速判断和处理制动系统故障,是电客车司机必备的业务能力。通过本任务的学习和训练,要求掌握制动系统常见故障的判断和分析方法,能按照规定程序对常见故障进行处理。

任务实施

1. 学习环境。

本任务学习在城市轨道交通车辆专用一体化教室(配备多媒体)、城市轨道交通车辆综合实训室。

2. 学习步骤。

(1)分组讨论,以 5 ~7 人为一组完成工作任务。

①根据任务案例 1 ~4 查阅资料。

②在城市轨道交通车辆综合实训室模拟练习紧急制动不能缓解故障的处理方法。

③组织归纳知识点。

(2)按照表 3-5-1 整理制订学习工作单。

学 习 工 作 单 表 3-5-1

<table>
<tr><td>工作单</td><td colspan="3">紧急制动不能缓解故障分析与处理</td></tr>
<tr><td>任务</td><td colspan="3">1. 分析紧急制动控制原理;
2. 根据紧急制动的触发条件逐条找到紧急制动不能缓解的原因;
3. 根据紧急制动故障处理流程练习故障处理方法</td></tr>
<tr><td>班级</td><td></td><td>姓名</td><td></td></tr>
<tr><td>学习小组</td><td></td><td>工作时间</td><td></td></tr>
<tr><td colspan="4">内容</td></tr>
<tr><td colspan="4"></td></tr>
</table>

(3)小组内互相协助考核学习任务,组内互评;根据其他小组在成果展示活动中的表现及结果进行小组互评。

知识导航

紧急制动的设置是为了实现让车处于非安全状态的时候或常用制动不工作时让列车紧急停止的功能。紧急制动由列车的紧急制动环路失电触发,并最终由空气制动基础装置执行,是通过一个安全回路控制的纯空气制动模式,是列车运行安全导向保证中最重要的环节,紧急制动是故障安全环路,不可逆。仅当所有紧急制动触发条件都消失,且列车到达零速时紧急制动自动缓解。

一、紧急制动控制原理

紧急制动采用硬线控制，在制动控制单元上装备了由列车安全环路硬线控制的紧急制动部分，控制原理为紧急制动接触器高电平得电缓解，低电平触发，由紧急制动列车环路控制，若环路上任意一点断开输入到 EP2002 制动控制系统，将产生紧急制动，如图 3-5-1 所示。

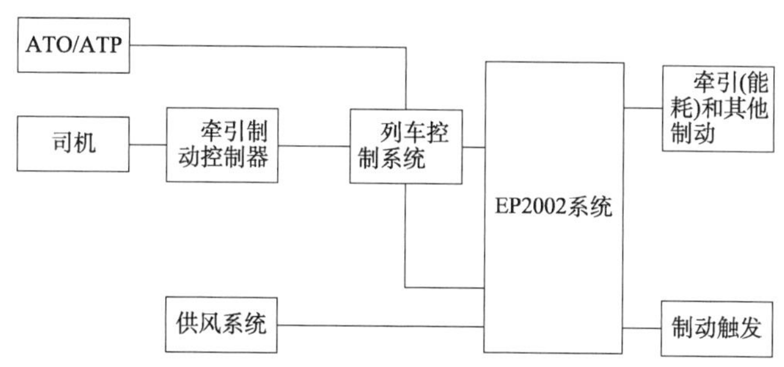

图 3-5-1　EP2002 阀工作接口

紧急制动的触发条件，见表 3-5-2。

紧急制动的触发条件　表 3-5-2

编号	触 发 条 件	安全回路标识
1	紧急制动断路器 EBCB 断开	A
2	在非 ATO 非零速状态下松开警惕按钮超过 3s	B
3	在非零速状态下方向手柄过零位	C
4	VCU 触发紧急制动	D
5	断开钥匙	E
6	按下蘑菇按钮	F
7	主风缸低于 5.5bar	G
8	ATP 触发紧急制动	H
9	紧急制动环路上联结器虚接、继电器故障等硬线故障	无标识

1. 紧急制动控制

当列车出现以下情况时，控制电路将失电，从而导致紧急制动接触器失电，DC110V 供电母线断电，如图 3-5-2 所示为供风和制动系统工作原理。

(1)在非 ATO 非零速状态下丢开警惕按钮超过 3s(可调)。

(2)列车运行时，方向手柄过“0”位。

(3)总风压力低于 5.5bar。

(4)按下驾驶室紧急蘑菇按钮。

(5)列车连挂或解挂。

(6)车钩断裂。

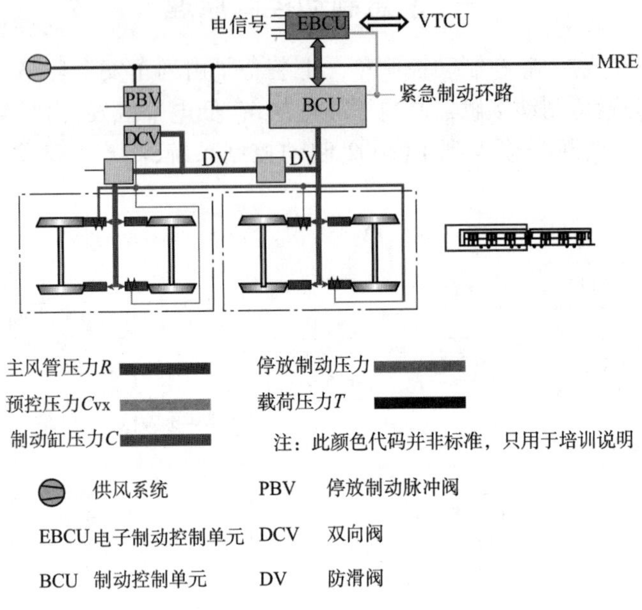

图 3-5-2 供风和制动系统工作原理示意图

(7)没有激活驾驶室。

(8)ATP 系统产生紧急制动指令,包括:超速(超过 88km/h 时施加紧急制动,速度值待定);后溜[列车施加保持制动后,向后运行一定的距离(5m)];进入错误的运行区间(反向运行、同一安全区间内出现两辆列车等);两个车载 ATP 故障。

(9)VTCU(车辆控制单元)发出紧急制动指令,包括:超速(当列车速度超过 83km/h 时,发出警报;超过 85km/h 时,列车惰行;超过 86km/h 时,施加常用制动;超过 88km/h 时施加紧急制动,速度值待定);列车运行时方向手柄过 0 位;没有激活驾驶室;制动时制动力施加不足;主风缸压力低;检测到紧急制动环路断电;紧急操作开关动作。

2. 紧急制动执行

紧急制动控制回路失电后,紧急制动接触器失电,紧急制动继电器的出点信息传给 GV 网关阀和 SV 智能阀,触发紧急制动。

紧急制动控制回路和执行回路可以扩展到救援模式下的故障列车,救援时在救援列车和被救援列车的任何一个驾驶室都可以触发紧急制动。在激活驾驶室可以缓解救援车与被救援车的紧急制动。

紧急制动的施加是不可逆的,当所有紧急制动触发条件都消失,在零速时紧急制动缓解。

紧急制动时,VCU 输出制动命令给 GV 阀,GV 阀会计算出列车所需制动力并平均分配给各个转向架,各转向架的 GV、SV 阀接收到指令后,会根据自身运动状态,自动分配空气制动力和电制动力。

二、紧急制动故障处理流程

城市轨道交通车辆发生紧急制动故障时的处理流程如图 3-5-3 所示。

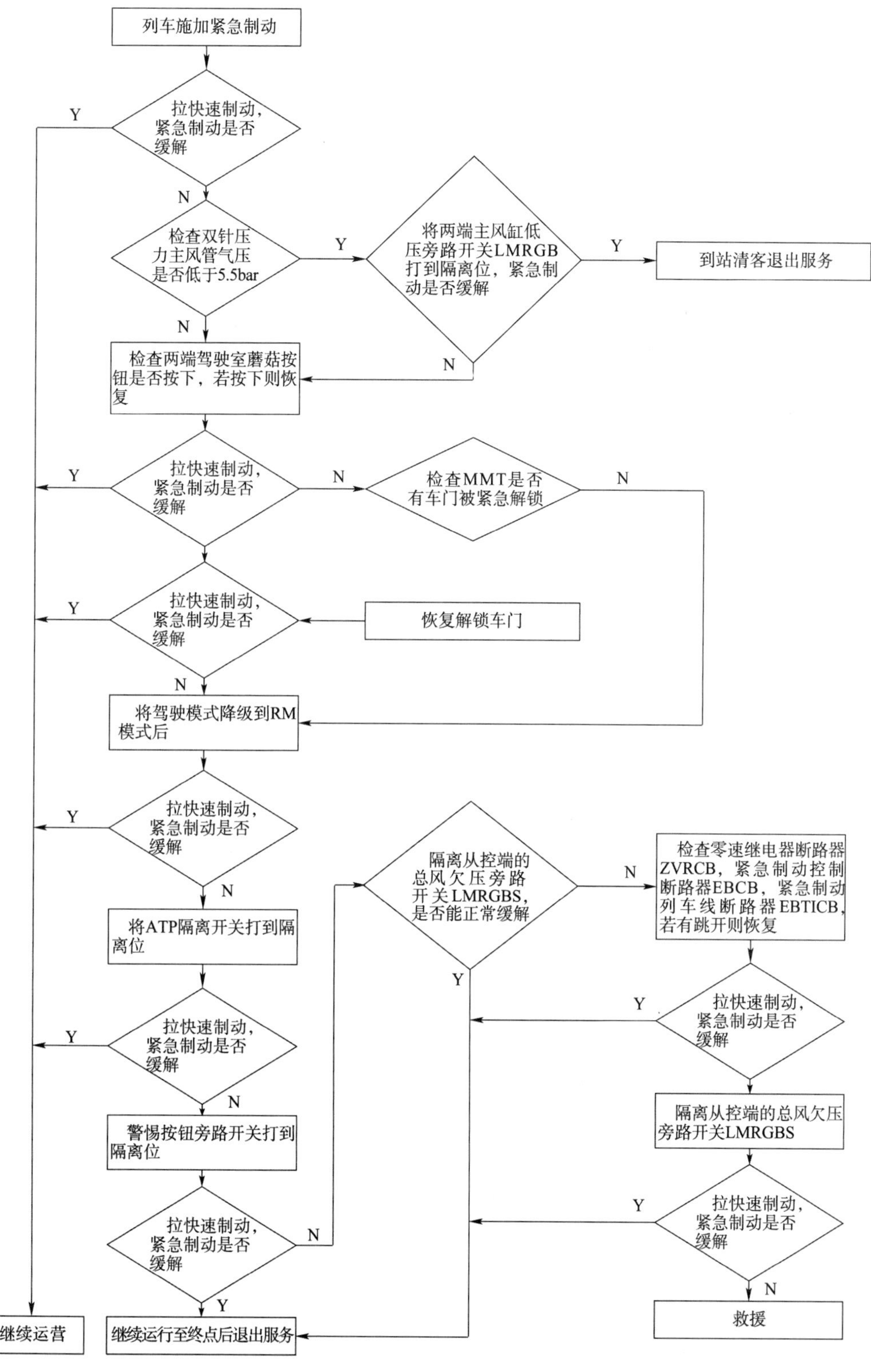

图3-5-3　紧急制动故障处理流程

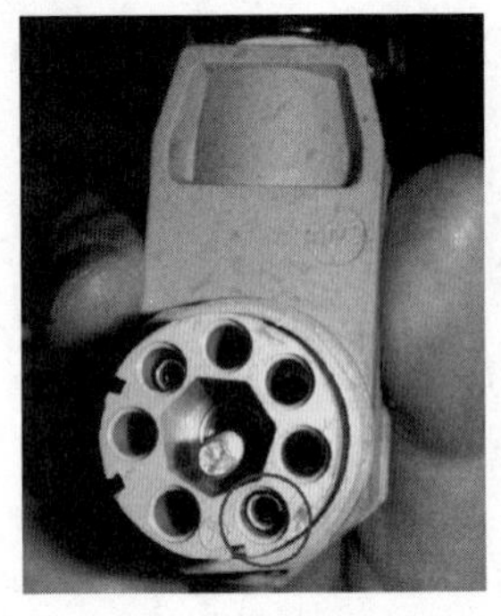
图 3-5-4　故障母针位置

三、案 例 分 析

0105 车在某站出站后发生紧急制动停车，当时列车气压、网压正常，TC1 为激活端，司机尝试检查发现各断路器正常，蘑菇按钮没有被按下，并尝试隔离 TC1 头 ATP，打警惕按钮旁路开关、主风缸低压旁路开关后无法缓解紧急制动。重启列车也无法消除故障，最终列车被救援回库。

最终发现为主风管低压压力开关联结器母针歪斜，如图 3-5-4 所示。标识的母针有一明显缺口，造成公母针配合后松动。

四、其他紧急制动不能缓解故障现象及处理

其他紧急制动不能缓解故障现象及处理见表 3-5-3。

其他紧急制动不能缓解故障现象及处理　　表 3-5-3

序号	故 障 现 象	故 障 处 理	备注/说明
1	列车运行时施加紧急制动	(1)按照正常程序缓解紧急制动。若缓解后再次出现紧急制动，将 CREC 电气柜内的警惕旁路开关打到旁路位，按照正常程序缓解紧急制动	排除瞬时紧急制动环路故障。排除警惕按钮故障导致的紧急制动
		(2)检查 HMI 上的受电弓图标和故障信息提示，如蘑菇按钮异常，恢复相应的蘑菇按钮，按照正常程序缓解紧急制动	排除蘑菇按钮导致的紧急制动
		(3)检查驾驶室气压表，若主风管气压 < 6bar，排除空压机故障，将驾驶室的总风缸欠压旁路开关 LMRG-BS 打到旁路位，按照正常程序缓解紧急制动，就近清客下线。司机此时应持续监控气压表，当气压低于 4.8bar时停车请求救援，避免列车在运行时施加停放制动	排除气压过低引起的紧急制动
		(4)将模式开关 2 打到非限制人工模式位(NRM 位)，按照正常程序缓解紧急制动	排除 ATC 故障引起的紧急制动
		(5)将紧急制动缓解旁路开关打到旁路位，就近清客下线	排除紧急制动硬线环路故障引起的故障
		(6)将紧急牵引/洗车开关打到紧急牵引位(EMTS 位)，按照正常程序缓解紧急制动(此时限速 25km/h)，就近清客下线	排除网络故障引起的紧急制动
		(7)上述操作无效，请求救援	司机无法排除此故障

续上表

序号	故障现象	故障处理	备注/说明
2	推牵引，制动不缓解，列车无位移	(1)尝试推30%以上牵引，能正常牵引则继续运营	排除因牵引力不足导致牵引封锁
		(2)检查门关好指示灯。若该指示灯不亮，则处理车门故障	排除车门安全环路失电导致牵引封锁
		(3)检查停放制动指示灯，若该指示灯显示红色，则处理停放制动故障	排除停放制动不缓解导致牵引封锁
		(4)断合主控钥匙，按照正常程序缓解紧急制动	排除牵引控制回路上的瞬间电气故障
		(5)将紧急牵引开关打到紧急牵引位(EMTS位)，按照正常程序缓解紧急制动，(此时限速25km/h)，就近清客下线	排除网络故障导致牵引封锁
		(6)上述操作无效，请求救援	司机无法排除此故障
3	推牵引，无牵引力，只能缓慢行驶	(1)检查所有气制动施加/缓解指示灯，若推牵引时所有气制动施加指示灯(红色)亮，所有气制动缓解指示灯(绿色)不亮，则查看HMI，若HMI上某转向架制动图标显示异常或制动未缓解，则检查该转向架所在车二位端电气柜内GVCB/SVCB，若无异常则将该转向架B05打到旁路位，切除该转向架气制动，2个及以上转向架气制动被切除则终点站退出服务，4个及以上转向架气制动被切除则就近清客下线	排除单个转向架气制动故障
		(2)将CREC柜内所有制动缓解旁路打到旁路位。运行到终点站退出服务	排除气制动故障
		(3)将紧急牵引开关打到紧急牵引位(EMTS位)，(此时限速25km/h)，就近清客下线	排除网络故障
		(4)上述操作无效，请求救援	司机无法排除此故障
4	停放制动无法缓解	(1)按驾驶台停放制动按钮，施加缓解停放制动	排除瞬间电气故障
		(2)检查主风管压力，如果压力低于4.8bar则请求救援。若连挂后，两车气压无法达到正常范围，应关断连挂端驾驶室下的主风管隔离阀，关断两车连挂端驾驶室CREC柜内的CTCB，隔离故障列车所有停放制动	排除气压过低引起的停放制动
		(3)断开CREC电气柜内的PBDCD	排除停放制动控制电气故障

续上表

序号	故障现象	故障处理	备注/说明
4	停放制动无法缓解	(4)将 CREC 电气柜内停放制动缓解旁路打到旁路位,将紧急牵引/洗车开关打到洗车位(WASH),推牵引观察 HMI 上所有转向架制动图标,若某转向架制动图标异常,则将紧急牵引/洗车开关打到紧急牵引位(EMTS)(此时限速 25km/h),就近清客下线;若所有转向架制动图标显示正常、停放制动指示灯变绿,则将紧急牵引/洗车开关打到正常位(0 位),将停放制动缓解旁路打到旁路位,运行到终点站退出服务	排除 1/2 个转向架停放制动施加/电气瞬间故障
		(5)查看 HMI 显示屏上制动图标,找到错误施加停放制动的车辆,隔离该车停放制动,就近请客下线	司机无法排除此故障。 隔离时司机需要将车辆转向架 B05 和 B11 阀打到隔离位,等停放制动缸内压缩空气排尽后手拉停放制动缸上拉环缓解停放制动
		(6)上述操作无效,请求救援	司机无法排除此故障
5	空压机故障	(1)HMI 上显示空压机故障,则检查并断合 TC 车 CREC 电气柜内 CMCCB	排除空压机控制瞬间电气故障
		(2)检查主风管压力,若气压小于 7.0bar 且不能恢复,则按压强迫泵风按钮,将总风气压打到 9.0bar	排除空压机控制网络故障
		(3)若气压仍不能恢复,则应就近清客下线。司机在行车时应持续监控气压表,及时缓解紧急制动、避免停放制动	司机无法排除此故障

一、分析处理制动系统故障时的注意事项及要点总结

为尽快处理故障,列车在发生紧急制动不缓解后,司机可以用排除法,首先排除有表象的故障,并根据当时列车运行状态决定检查顺序:若在列车运行中发生故障,应先检查总风缸压力、车载信号等项目;若在更换驾驶室后发生故障,应先检查各开关位置、司机控制器主手柄、钥匙开关等。

在正常操作列车运行的过程中,应认真观察双针压力表显示,发现问题及早采取措施。当总风缸压力降低时,可以使用强制泵风按钮使空压机打风进行试验,若总风缸压力持续下降或无法恢复到正常值时,应检查列车是否有风压泄露的故障,并及时进行处理;若总风缸压力达到规定值后故障解除,应判断是否由总风缸压力不足造成的紧急制动不缓解。

若将车载 ATP 切除后,紧急制动可以缓解,判断为车载 ATP 故障所致。

若短接紧急制动短路开关后，列车紧急制动可以缓解，判断是列车电路上的故障引起的。

故障发生后，若Ⅰ端驾驶室检查无异常，司机应及时与行车调度员联系，派副司机携带相关钥匙及备品到Ⅱ端驾驶室进行检查。

在排查故障的过程中，每做完一项操作后都要查看紧急制动是否缓解，最后将故障现象及处理过程结果记录在“电动列车运行故障记录单”上。

二、制动控制

苏州地铁1号线项目制动系统采用电制动（再生制动/电阻制动）和空气制动混合的方式，列车制动（空气制动和电制动）采用“架控”方式，制动力的分配应考虑“列车级”。

制动施加的优先级：优先考虑电制动（再生/电阻制动）。如果电制动不能满足总制动力的需求，则采用空气制动补充。

VCU控制整车制动力的分配，GV阀控制空气制动的分配：VCU将经过载荷补偿的整列车的制动力和每个转向架的电制动力和电制动状态发送给GV阀，GV阀将空气制动力平均分配到每个拖车（包括故障的动车转向架）进行空气制动补充。

项目知识小结

本项目的学习活动，主要包括列车起动操作及故障分析与处理、受电弓升降操作及故障分析与处理、高速断路器分合闸操作及故障分析与处理、牵引控制单元DCU故障分析与处理、紧急制动不能缓解故障分析与处理五个部分。学习本项目要手脑结合，理论联系实际，根据列车驾驶操作程序，练习各项操作，分析控制电路，学会处理控制系统常见故障，并在实际的案例分析中进一步巩固掌握理论知识和技能。

通过对学习任务的完成，掌握对学习的重点内容进行归纳整理和制订学习工作单的方法，并从中学会与小组成员和教师就学习中的问题进行交流和沟通；能与他人共享学习资源；表达及展示活动过程和成果。

项目达标检测

一、填空题

1. 列车运行前，操纵端驾驶室的钥匙开关应置于(　　)位，非操纵端驾驶室的钥匙开关应置于(　　)位。

2. 若要扳动方向选择开关，钥匙开关应在(　　)位，司机控制器主手柄应在(　　)位。

3. 列车在运行过程中，门选向开关应在(　　)位。

4. 当列车进站对标停车后，列车施加的制动为(　　)制动。

5. 按压“复位”按钮，能使(　　)投入运行。

6. 在处理全列牵引无流故障时，若发现列车带闸，则判断列车不能牵引可能是(　　)造成的。

7. 在处理故障的过程中，一般将司机控制器主手柄放置(　　)位，防止在排查故障时列车突然起动。

8. 在短接关门旁路时，必须确认(　　)。

二、简答题

1. 试分析牵引控制的指令传输过程。

2. 借助文献、书籍、网络资源等，查阅列车控制与管理系统 TCMS 的主要功能。

3. 绘制全列牵引无流的故障处理流程图。

项目四　城市轨道交通车辆车门控制系统故障分析与处理

学习目标

1. 掌握城市轨道交通车辆的客室车门的结构及工作原理。
2. 掌握城市轨道交通车辆车门的操纵及显示。
3. 掌握城市轨道交通车辆电动塞拉门的控制原理。
4. 熟悉客室车门的常见故障现象和发生原因，能对车门进行日常预防性检查。
5. 熟练掌握客室车门常见故障的处理方法，能分析车门各种故障现象的可能原因。
6. 培养分析判断能力、观察和动手操作能力。

城市轨道交通车辆车门系统是城市轨道交通车辆中使用最频繁的设备，车门系统出现故障会直接影响乘客的上下车，进而影响运营过程。本项目主要对车门系统的组成、电动塞拉门的结构及控制原理、车门常见故障的原因分析和处理方法做了详细阐述，使学生能尽快熟悉城市轨道交通车辆车门系统并能解决车门系统的常见故障。

任务一　认识客室车门的结构

任务案例

1. 图 4-1-1 客室车门属于哪种车门类型？这种车门开关门时运动轨迹有何特点？这种车门在使用过程中有何优缺点？

2. 城市轨道交通车辆客室车门的结构及工作原理的认知（多媒体课件展示或在城市轨道交通车辆综合实训模拟仿真实训室练习）。

图 4-1-1　客室车门

任务分析

城市轨道交通列车的车门种类按用途可分为客室侧门、驾驶室侧门、驾驶室和客室之间的间隔门、紧急疏散门四种，其中客室侧门和驾驶室侧门的使用频率最高。客室车门按照其开启及结构形式主要可分为内藏门、外挂门、塞拉门和外摆门，其中塞拉门最为常用。本任务要求学生熟悉车门的分类，并认知塞拉门的结构及工作原理。首先，通过多媒体课件认识各类车门；然后再通过实训室中车门模型，重点掌握塞拉门的结构及工作原理。尽量做到边练边学边记，手脑并用。

1. 学习环境。

本任务学习在城市轨道交通车辆专用一体化教室(配备多媒体),使用若干个城市轨道交通车辆模型等。

2. 学习步骤。

(1)分组讨论,以5~7人为一小组完成工作任务。

①根据任务案例1,指认车门的类型,并分析其优缺点。

②根据任务案例2,组织归纳知识点。

(2)按照表4-1-1整理制订学习工作单。

学习工作单　　表4-1-1

工　作　单	车门分类、客室车门结构及工作原理		
任务	1. 根据车门的作用掌握车门分类; 2. 认知电动塞拉门的结构; 3. 分析电动塞拉门的工作原理		
班级		姓名	
学习小组		工作时间	
内容			

(3)小组内互相协助考核学习任务,组内互评;根据其他小组在成果展示活动中的表现及结果进行小组互评。

一、车门系统概述

车门是城市轨道交通车辆的一个重要组成部件,对车体强度及车辆整体形象影响甚大,且与运营安全有直接的关系。同时,由于地铁车辆具有运载客流量大,乘客上、下车频繁等特点,一般每辆列车的车门数量较多、开度大,开关门动作也比较频繁。

城市轨道交通列车的车门种类按用途可分为客室侧门、驾驶室侧门、驾驶室和客室之间的间隔门、紧急疏散门四种。其中客室侧门和驾驶室侧门的使用频率最高,乘客的上、下车以及司机的登、降乘需要使用;而间隔门只有在司机换端操作时才用到,紧急疏散门在紧急情况下(客室车门无法打开或列车在区间进行疏散逃生时)才会使用,其使用频率很低。

这里重点学习客室车门。

1. 客室车门按照其开启及结构形式分类

客车车门按照其开启及结构形式分类,主要可分为内藏门、外挂门、塞拉门和外摆门。

(1)内藏门。如图4-1-2所示,车辆在开关门时,门叶在车辆侧墙的外墙板与内饰板之间的夹层内移动,传动机构设于车厢内侧车门的顶部,装有导轮的门页可在导轨上移动并与传动装置的钢丝绳、皮带或丝杠相连,借助风缸或电机驱动传动机构,从而实现车门的往复开关动作。

(2)外挂门。如图4-1-3所示，外挂门车门驱动结构工作原理与内藏门相同，外挂门的结构较简单，其门叶和悬架机构均位于车辆侧墙的外侧。

图4-1-2　内藏门

图4-1-3　外挂门

(3)塞拉门。如图4-1-4所示，塞拉门借助于车门上端的传动机构和导轨，车门开启时，门叶贴靠在侧墙的外侧，车门在关闭时，门页外表面与车体外墙成一平面。

图4-1-4　塞拉门

(4)外摆门。外摆门在开门时，通过转轴和摆杆使门叶向外摆出，并贴靠在车体的外墙板上，门关闭后，门页外表面与车体成一平面。这种车门的结构特点为当门在开启的过程中，门页需要较大的摆动空间。

以上类型的车门各具自身特点，从安全可靠性来讲，列车在隧道中运行，随着速度的提高，其空气的阻塞比大大增加，对外吊的悬挂门产生较大的压力，车门会产生小的晃动等不稳定因素，影响车门的安全可靠性。塞拉门由于与车体在同一平面内，能保持列车较好的流线型，而且具有密封性好、空气阻力小等特点，因此在城市轨道交通车辆中得到了广泛应用。但塞拉门的结构较移动门复杂，且造价较高。车门的形式种类虽然各不相同，但实现的功能却大同小异，性能参数也差不多。

2. 客室车门按驱动系统的动力源分类

客车车门按驱动系统分类，可分为电动式车门和气动式车门两种。

电动式车门的动力来源是直流或交流电动机，气动式车门的动力来源是驱动气缸。现代城市轨道交通车辆多采用电动电控的客室侧门，少数车型采用气动电控或气动气控的客室侧门。

二、客室车门的结构及控制原理

本节以双扇电控电动塞拉门系统为例，学习客室车门的结构及控制原理。

(一)塞拉门结构

塞拉门主要由驱动机构、门叶、紧急解锁机构、切除装置、支撑杆、托架组件、车门导轨以及电子门控单元(EDCU)等组成,结构示意图如图4-1-5所示。

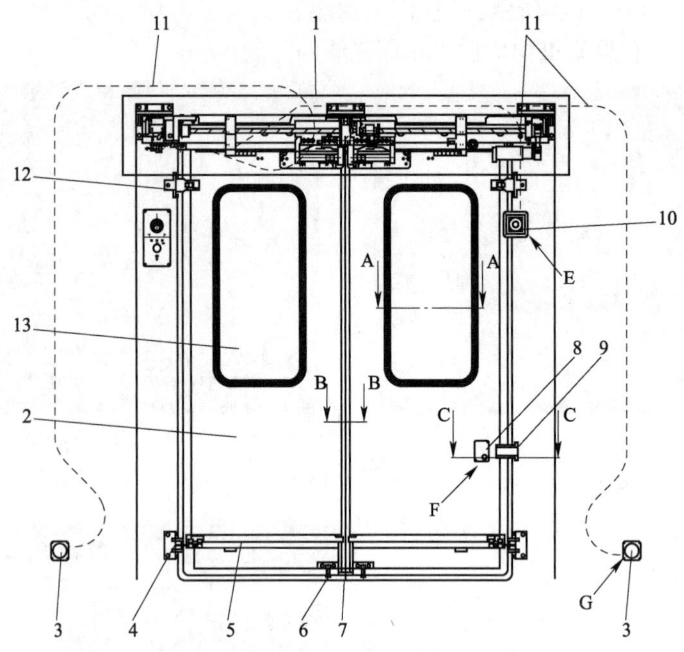

图4-1-5 电动电控客室侧门结构图

1-驱动单元;2-门叶;3-外部解锁装置;4-滚子摇臂;5-下部导轨;6-止动销;7-护指橡胶;8-车门隔离装置;9-限位开关;10-内紧急解锁装置;11-电缆;12-支撑滚子;13-玻璃

车门控制单元与驱动机构安装在车门上部,固定在车体侧墙之上,正常使用时,车门驱动机构隐藏在车门罩板之内。车门驱动机构如图4-1-6所示。门控器(EDCU)安装在客室车门的上方,其功能为控制车门的开与关,调整车门开关速度(开关门时间的调节范围为3~4s,开关门设定时间为3.5s±0.5s),调整车门关门压力(峰值压力不超过200N,关门最后200mm范围内不超过150N),确定车门位置,与列车诊断、控制系统联网。

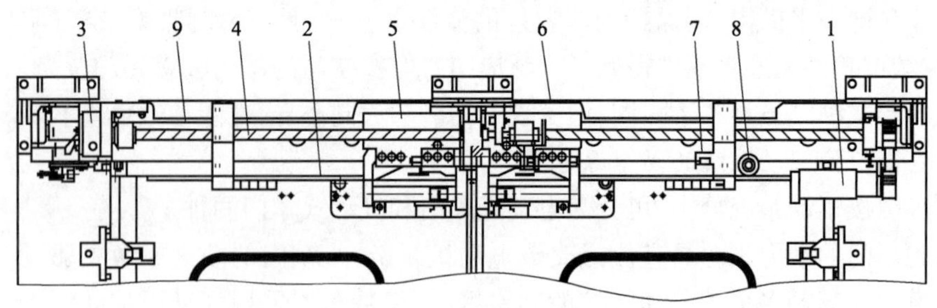

图4-1-6 车门驱动机构

1-电动机;2-顶部导轨;3-制动单元;4-丝杠;5-滚轮;6-"车门锁闭"限位开关;7-电源开关;8-报警蜂鸣器;9-导杆

(二)塞拉门的控制原理及控制电路逻辑分析

1.塞拉门控制原理

电控电动门由EDCU进行控制,EDCU是车辆电源和车门机械操纵机构之间的接口,其控制原理如图4-1-7所示。车门具有零速保护和安全联锁电路,开、关门具有报警装置。

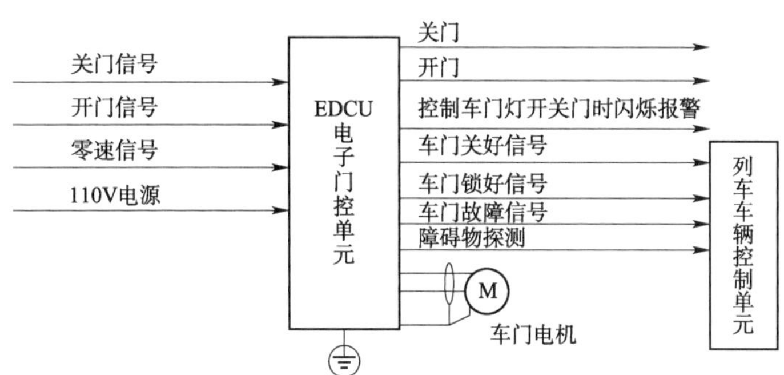

图 4-1-7　车门控制原理图

EDCU 可编程序控制器由电源电路、输入电路、中央处理单元、输出电路、保护电路五部分组成,如图 4-1-8 所示。

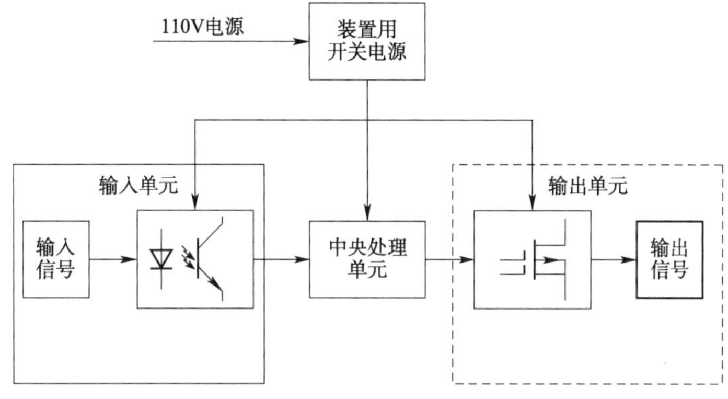

图 4-1-8　EDCU 可编程序控制器

(1)电源电路。输入 DC110V,内部经直流变换为微处理单元及相关电路提供适用电源。

(2)输入电路。接收输入信号,输入信号来自驾驶操作台,开门信号、关门信号、零速信号,经输入电路整形滤波后,送入中央处理单元。

(3)中央处理单元。主要完成存储、逻辑运算、顺序控制、定时控制、延时控制及软件抗干扰等。中央处理单元能根据车门的实际工况确定的输入信号决定各输出信号,还可以下载储存信息如故障信息用于维护,可下载(如果需要)新的软件。

(4)输出电路。用光电隔离的方式实现高低电压的隔离和驱动功率放大,因而可以直接驱动电动机、断路器等各类负载。输出信号有车门开关状态信号、关好门/锁好门信号、电动机驱动信号、车门遇障碍及故障信号。

(5)保护电路。用于处理车门状态不到位的各种故障保护、信号显示、车门状态提示等,监控电路、监控车门在故障情况下继电器不能输出。

2. 塞拉门控制电路逻辑分析

城市轨道交通车辆电控电动门控制的实质是控制车门电动机的正反转。通过传动装置使车门进行开、关门的平移运动,结合车辆控制条件和车辆驾驶模式进行车辆运行过程中的操作。以 A 型庞巴迪地铁车辆左侧客室车门为例,分析开门控制原理,逻辑框图如图 4-1-9 所示。

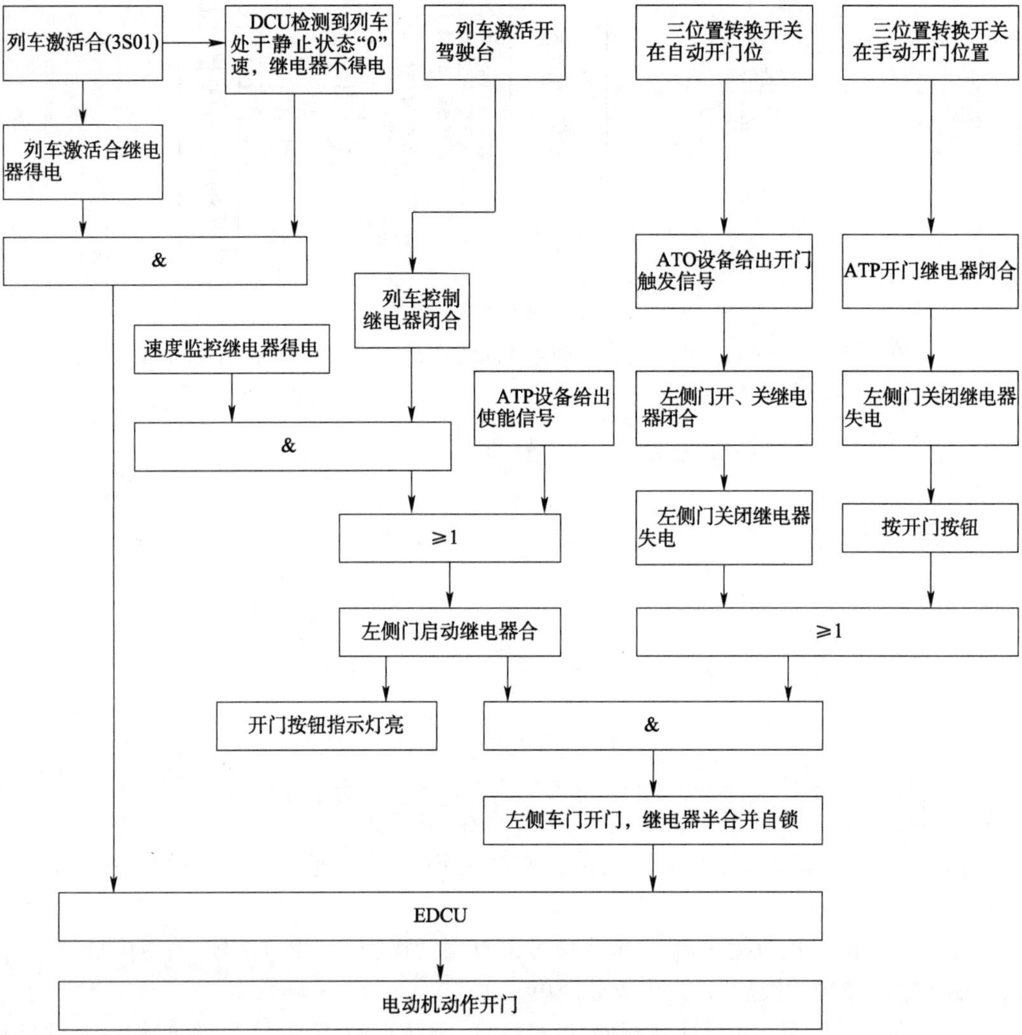

列车激活合(3S01)

DCU检测到列车处于静止状态“0”速，继电器不得电

列车激活开驾驶台

三位置转换开关在自动开门位

三位置转换开关在手动开门位置

列车激活合继电器得电

&

列车控制继电器闭合

ATO设备给出开门触发信号

ATP开门继电器闭合

速度监控继电器得电

ATP设备给出使能信号

左侧门开、关继电器闭合

左侧门关闭继电器失电

&

≥1

左侧门关闭继电器失电

按开门按钮

左侧门启动继电器合

≥1

开门按钮指示灯亮

&

左侧车门开门，继电器半合并自锁

EDCU

电动机动作开门

图 4-1-9　A 型庞巴迪地铁车辆左侧客室车门开门控制逻辑框图

图中通过车辆状态、ATP 安全防护、开门模式(手动/自动)选择等输入的逻辑运算分析后给门控列车线一个开门信号,所有与列车线相连的门控单元(EDCU)根据接收到的开门信号对车门电动机进行操作。关门与开门动作原理相同,是一个相反的过程。

巩固拓展

塞拉门动作过程

塞拉门借助于车门上端的传动机构和导轨,车门开启状态时门页贴靠在侧墙的外侧,车门处于关闭状态时,门叶外表面与车体外墙成一平面。车门结构示意图如图 4-1-10 所示。

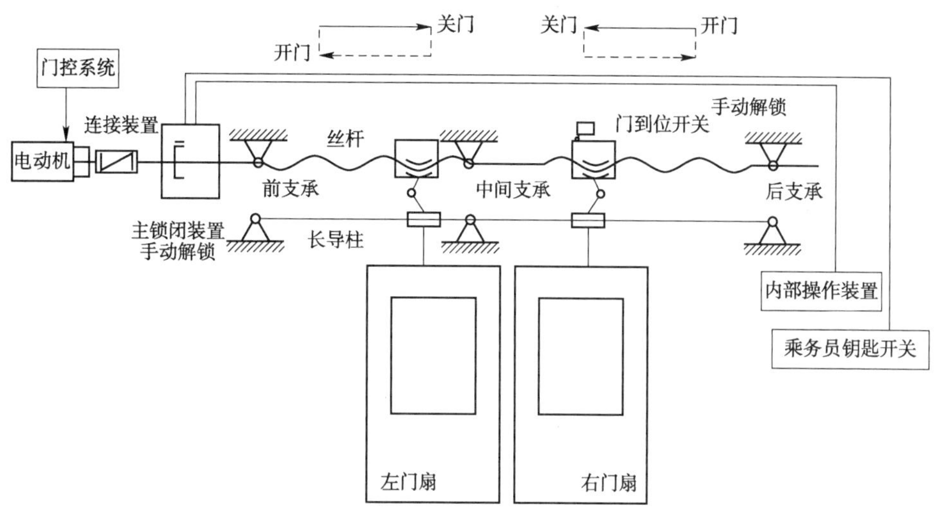

图 4-1-10　车门结构示意图

车门开/关过程：

(1)开门过程。当车门 EDCU(车门控制单元)接收到开门信号时,EDCU 会输出电信号驱动电动机往开门方向工作,电动机通过皮带把转动力矩传送给丝杠(一半为左旋,另一半为右旋),丝杠运动将会带动与之啮合的螺母运动,螺母通过携门架与门叶连接,从而带动门叶同步运动。当车门打开至最大开度时,EDCU 将会输出车门制动信号给制动单元,制动单元将会对车门丝杠进行制动,使丝杠停止转动。

(2)关门过程。当车门 EDCU 接收到关门信号时,输出电信号驱动电动机往关门方向工作,电动机通过皮带把转动力矩传送给丝杠,丝杠运动将会带动与之啮合的螺母运动,螺母通过携门架与门叶连接,从而带动门页同步运动。当车门关好并触动锁闭行程开关 S_1 时,EDCU 接收到车门已关闭信号后,将会输出车门制动信号给制动单元,制动单元将会对车门丝杠进行制动,使丝杠不能运动。同时关门止挡进入嵌块的导槽里,以防止门叶在纵向和横向上的运动,平衡压轮也会把门叶压紧在加强点上,以保证门叶在运动过程中不会因负压太大而产生抖动。

任务二　城市轨道交通车辆车门的操纵

任务案例

1. 图 4-2-3 为门模式选择开关,上述开关共有几个挡位?选择不同的挡位有何含义?
2. 如何根据 MMI 显示屏判断车门状态?
3. 对照车门实物,认知车门操纵电气设备及操纵原理。
4. 根据指令,完成车门各项命令的操纵。

任务分析

本任务要求学生首先对车门操纵设备布置及操纵原理进行认知,然后通过课件及实物熟悉车门各项命令的操作及含义。

任务实施

1. 学习环境。

本任务学习在城市轨道交通车辆专用一体化教室(配备多媒体)、城市轨道交通车辆综合实训室。

2. 学习步骤。

(1)分组讨论,以5~7人为一小组完成工作任务。

①查阅资料,完成任务案例1。

②在城市轨道交通车辆综合实训室完成任务案例2,参照资料和知识导航,组织归纳知识点。

③在城市轨道交通车辆综合实训室练习车门各项命令的操作,并进行考核。

(2)按照表4-2-1整理制订学习工作单。

学 习 工 作 单　　表4-2-1

<table>
<tr><td>工作单</td><td colspan="3">车门的操纵及显示</td></tr>
<tr><td>任务</td><td colspan="3">1. 认知门模式选择开关;
2. 认知车门操纵设备及操纵原理;
3. 练习车门各项操纵命令</td></tr>
<tr><td>班级</td><td></td><td>姓名</td><td></td></tr>
<tr><td>学习小组</td><td></td><td>工作时间</td><td></td></tr>
<tr><td colspan="4">内容</td></tr>
<tr><td colspan="4"></td></tr>
</table>

(3)小组内互相协助考核学习任务,组内互评;根据其他小组在成果展示活动中的表现及结果进行小组互评。

知识导航

一、车门操纵设备布置

操纵设在驾驶室的开/关门按钮,同一侧所有的客室车门可同时打开和关闭。开门时,门叶先做朝向侧墙外侧的横向运动,再沿车辆侧墙进行纵向运动至完全打开的位置。车门关闭后与车体为同一平面。门叶四周安装的密封橡胶条在门叶与侧墙间起密封作用。车门操纵设备布置如图4-2-1所示。

二、车门操纵原理及显示

车门操纵原理如图4-2-2所示。车门的主要操作有客室开关门操作、障碍物探测、车门的切除、紧急解锁操作、ATP故障操作、车门旁路开关操作、维护按钮操作等。下面主要讲述车门操纵原理和方法及车门状态显示。

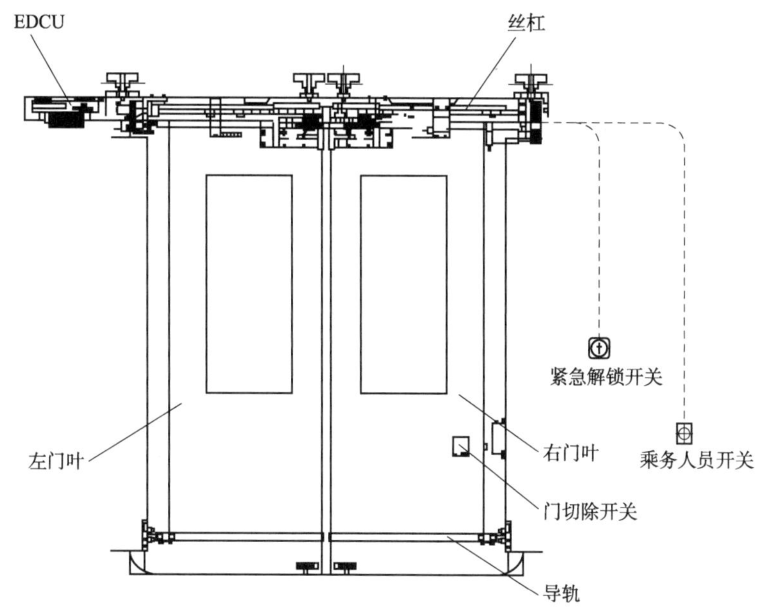

图 4-2-1　车门操纵设备布置结构

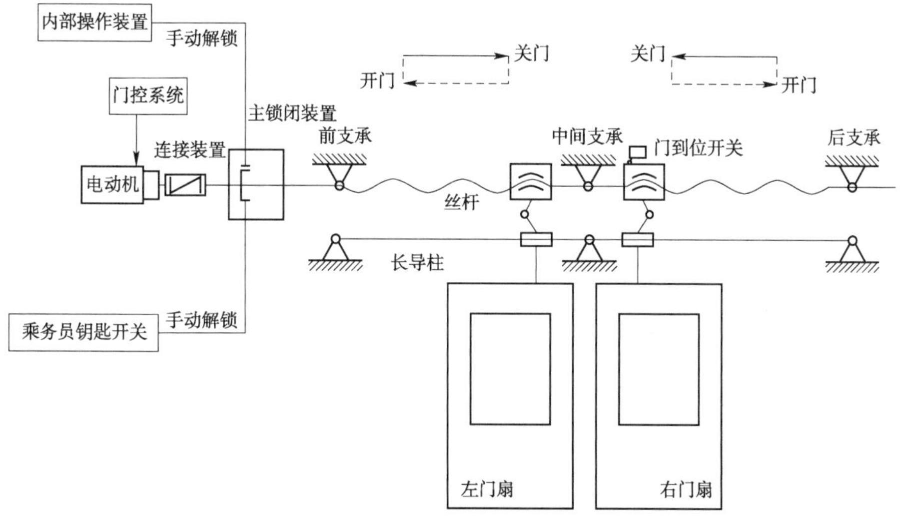

图 4-2-2　车门系统操纵原理框图

(一)客室开/关门

1. 开/关门原理

通常开/关门是由司机操纵开/关门按钮实现的,开关安装在驾驶室内,驾驶室内每侧一套开/关门按钮,单独电路。当司机用主控钥匙起动驾驶台时,开/关门按钮得电。当所有车门关闭和锁闭时,关门按钮灯亮,若任一门保持在打开状态,所有关门按钮均不亮。这样为司机提供了车门的状态指示。

车门既可在 ATO 模式下自动开关,也可以由司机操纵开关。考虑到安全因素,有两种不同的门控信号,即门开使能和“开门”指令。

通常在操作中车门打开可以由 ATP 来使能,电子门控单元控制开关门。

只有当列车静止且在站台正确的位置时,ATP 系统才能给出使能信号。在 URM 模式下操作,可以通过驾驶室的按钮来实现开门使能。在这种情况下,车门使能与牵引控制单元的 0km/h 信号互锁。门只有在驾驶台起动下才能打开。当列车控制只连接 ATP 系统时,中央开门及关门是不可能实现的。

当司机按下关门按钮后,关门信号通过列车线向每个车门发出,每个车门的电子门控单元收到关门信号后将控制电动机驱动丝杠,从而使门叶关闭并锁好。

单个车门的开关还可以通过乘务员钥匙开关来实现。在每辆车上的两个车门内外侧都安装有乘务员钥匙开关。当车门关闭并锁上且蓄电池电源可用时,乘务员钥匙开关可被授权人员使用。钥匙开关有 3 个挡位,即“开”“断”和“关”。只有当开关处于“断”位置时,钥匙才能被插入和拔出。当该装置处于“开”位时,车门解锁并部分打开,手动全部打开。打开车门将断开车辆的安全回路。将钥匙重新设定在“断”位,不会影响车门的状态。将钥匙旋转至关闭位置,将使车门关闭并锁上。一旦锁上,列车安全回路将重新形成。如果所有门接收来自驾驶室开/关门按钮的指令开门时,操纵该装置将不起作用。

2. 开/关门操作

客室开/关门操作与安装在驾驶室操作台上的“门模式选择”开关有关,如图 4-2-3 所示,“门模式选择”开关有 4 个挡位:自动开自动关、自动开手动关、手动开手动关、OFF。

图 4-2-3 门模式选择开关

自动开自动关。停稳后,司机无须操作任何开/关门按钮,ATO 自动发出开/关门指令到门控单元。

自动开手动关。停稳后,司机无须进行开门操作,但须操作关门按钮将关门指令输入 ATO,ATO 输出关门指令到门控单元。

手动开手动关。停稳后,司机操作开/关门按钮,将开/关门指令输入 ATO,ATO 输出开/关门指令到门控单元。

OFF。ATO 或 ATP 单元故障时需打到此位,司机操作开/关门按钮,将开/关门指令直接输入门控单元。

(1)关左门操作。司机按下左门关按钮 DCPB1_L(驾驶台左侧)或 DCPB2_L(驾驶室左侧),如图 4-2-4 所示,所有左侧车门延迟 3s 后开始关闭,车门指示灯在关门过程中闪烁(橙色),门关到位后,车门指示灯灭。关门过程中蜂鸣器将以 1Hz 的频率发声警报,如图 4-2-5 所示。

(2)关右门操作。司机按下右侧关门按钮 DOPB1_R(驾驶台右侧)或 DOPB2_R(驾驶室右侧),所有右侧车门延迟 3s 后开始关闭,车门指示灯在关门过程中闪烁(橙色),门关到位后,车门指示灯灭。关门过程中蜂鸣器将以 1Hz 的频率发声警报。

(3)开右门操作。列车在站台停靠稳当后,ATP 输出右侧门使能信号,驾驶员按下右侧开门按钮 DOPB1_R 或 DOPB2_R,所有右侧车门开始打开,车门指示灯在开门过程中闪烁(橙色),门开到位后,车门指示灯常亮。开门过程中蜂鸣器也将以 1Hz 的频率发声警报。

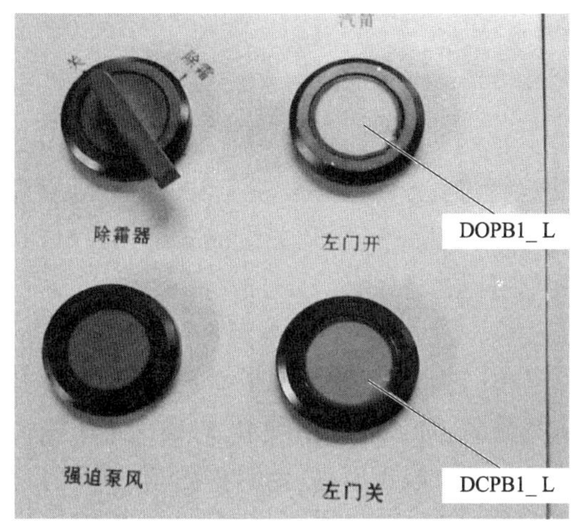

a)

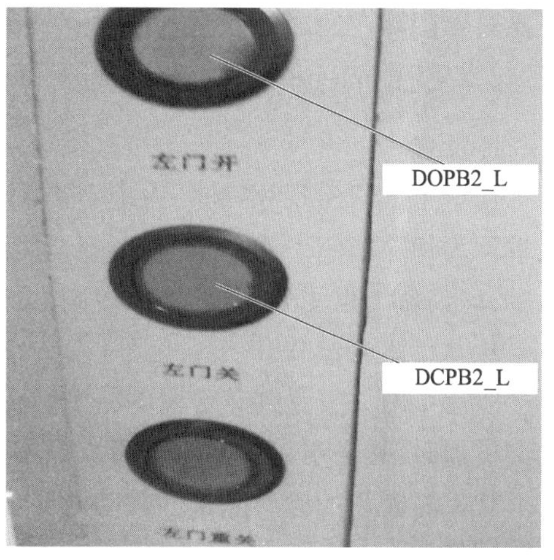

b)

图 4-2-4　左侧门开/关门按钮

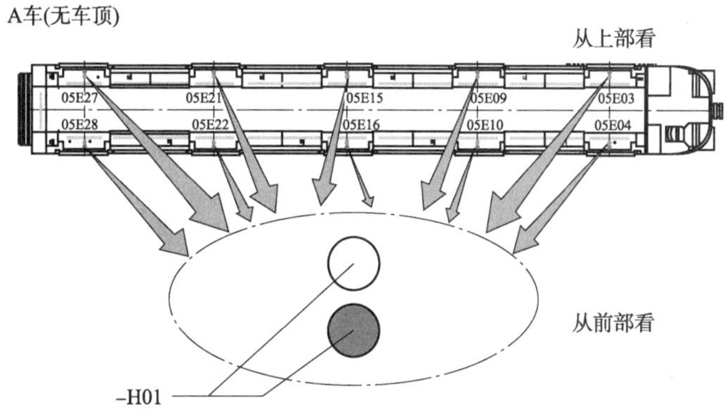

图 4-2-5　车门指示灯

(二)障碍物探测

1. 原理

如果关门时碰到障碍物,最大关门力最多持续 0.5s,然后车门可以重新打开一段距离,再重新关闭或保持这个位置进行一段时间的调节,再完全关上。如果障碍物一直存在,经过几次探测后,门将处于打开状态。障碍物探测的次数及障碍物的大小由电子门控单元设定。

气动门的障碍物探测通过压力传感器测定关门阻力来实现;电动门的障碍物探测通过测定电动机电流值实现,关门时序中,每一时序的额定电动机电流曲线存储并可自动调整,如果电动机电流实际值超过额定值,则起动障碍物探测功能。

2. 重关门操作

在发出关门指令后,当门控单元因重复关门 3 次(可在 1 ~5 次范围内进行调节)而障碍物仍未能排除时,或门扇因其他原因未关闭或锁闭到位,发现安全联锁回路信号没有给出(司机可根据所有门关好指示灯判断,若所有门关好,该灯将常亮),此时司机操作"再关门"按钮,使门控单元再次接收关门命令,所有门控单元将检查此时门的状态,对于没有关闭的门将再次执行关门程序和障碍物检测功能,已经关闭的门不动作。若门仍不能关闭,乘务员需要对该门存在的障碍物进行清除。

(三)车门的切除

1. 原理

当单个车门出现故障时,为了不影响列车的运行,通过专用钥匙将该车门进行电隔离,此举称为切除车门。切除车门后,安全回路将通过“门切除”行程开关组成安全回路。门切除后,该门就不再受开/关门指令控制,可以通过专用钥匙将该车门复位。

2. 单门隔离操作

所有车门关好是列车牵引的一个必要条件,当单门故障时,整列车的车门安全联锁回路无法贯通时,乘务员可通过方头钥匙操作该门隔离装置,如图4-2-6所示,对该门进行隔离,该门被机械锁紧的同时隔离开关动作,用以旁路单门安全联锁回路,使得整列车的车门安全联锁回路贯通,从而实现列车牵引。同时,被隔离车门的切除指示灯将常亮,如图4-2-7所示。

图4-2-6 门隔离装置

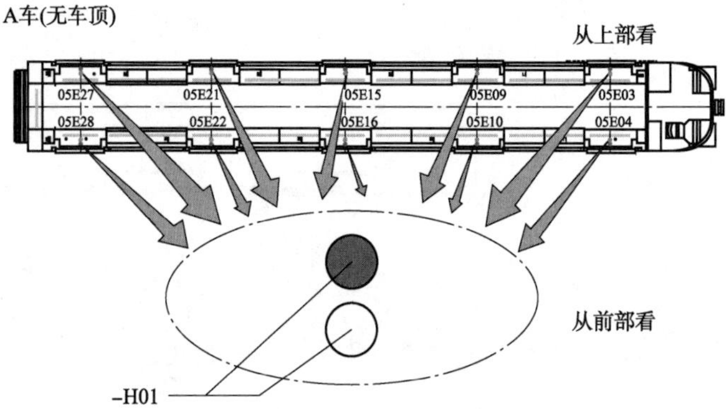

A车(无车顶)
从上部看
05E27 05E21 05E15 05E09 05E03
05E28 05E22 05E16 05E10 05E04
从前部看
-H01

图4-2-7 车门切除指示灯

(四)紧急解锁操作

1. 紧急开门

在紧急状态下,乘客扳动某个车门的紧急开门手柄后,EDCU根据“零速”监控回路的信息做出下述决定:

(1)列车速度>3km/h时,车门关闭,锁闭线路不中断,车门无法打开。

(2)列车速度<3km/h时,列车的“零速”监控回路被激活,“零速”信号直接激活EDCU的内部安全继电器,此时车门可手动开关。

(3)若将紧急装置复位,门的开关恢复正常。内部紧急装置可通过手柄复位,外部紧急装置只能通过方孔钥匙复位。

2. 紧急解锁操作

为了在紧急情况下手动开门,每个门均设有内部紧急解锁装置(图4-2-8)及外部紧急解锁装置(图4-2-9)。在车门没有收到“门使能”信号时,紧急解锁装置只能顺时针旋转20°,车门无法打开;若车门收到“门使能”信号,紧急解锁装置可被完全旋转,解锁到位后可手动打开车门。

图 4-2-8　内部紧急解锁装置

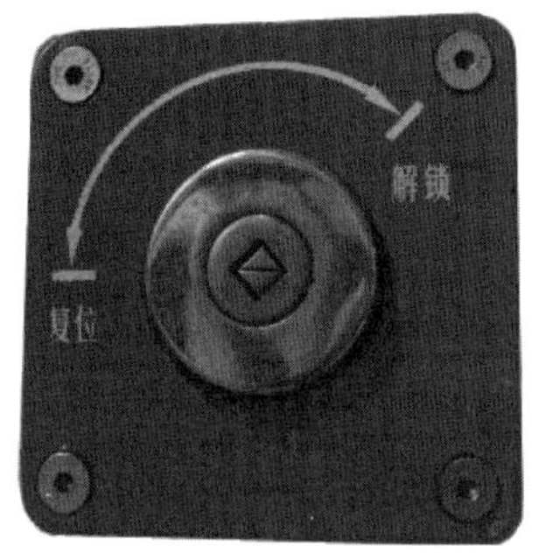

图 4-2-9　外部紧急解锁装置

(五)ATP 故障操作

1. 零速度保护

车速为“0”时,车门控制器得到“零速”信号,开门功能起作用。当车速大于 5km/h 时,车门仍然开启时,将起动自动关门。

2. ATP 故障操作

ATP 正常时,控制开门的“左侧门使能”信号与“右侧门使能”信号都由 ATP 发出,且考虑到车门安全性,在“门使能”信号丢失时,车门将自动关闭。在两端 ATP 故障时,司机需操作“ATP 隔离”开关来隔离 ATP,用车辆“零速”信号代替“门使能”信号。

(六)车门旁路开关操作

1. 安全回路

锁闭开关检测到车门完全关闭后,其常开触点闭合,同一节同侧所有车门的锁闭开关常开触点串联,形成关门安全联锁电路。一列车的关门安全联锁电路形成环路,所有车门关好后,驾驶室内“门已锁闭”指示灯亮,列车方可起动。列车左右侧安全联锁电路相互隔离。

由于车门状态关系到乘客及运营安全,为确保列车运行过程中车门正确锁闭,只要检测到有一个车门没有正确锁闭,列车将无法起动;而在运行过程中,如果有乘客拉下紧急解锁手柄,安全回路断开,列车将可能触发紧急制动并停车。

2. 车门旁路开关操作

在整车车门安全联锁回路无法贯通,导致无法牵引时,除了操作单门隔离装置外,也可以通过操作驾驶室隔墙柜上的“车门旁路”开关来旁路车门状态,从而实现列车牵引。

(七)维护按钮操作

如图 4-2-10 所示,每个车门门控器上设有维护按钮,若门处于关闭状态,按下维护按钮 1 次,该门打开,再次按下,该门关闭。用维护按钮进行开/关门操作时,车门的打开与关闭都没有延时。同时,操作维护按钮可初始化车门电机电流曲线。

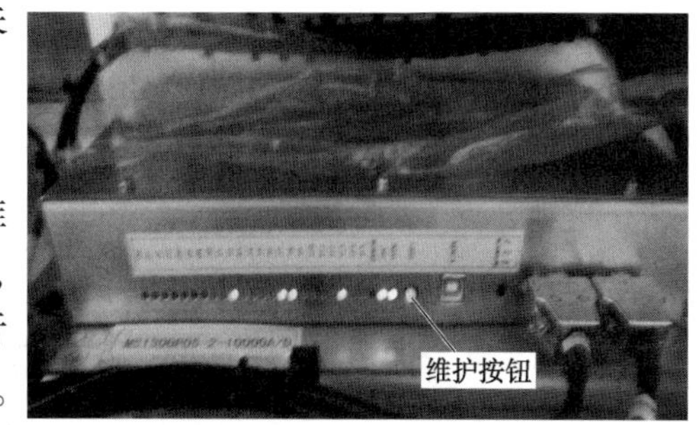

图 4-2-10　车门维护按钮

需要注意,在车门没有“门使能”或“零速”信号时,操作维护按钮无法打开车门。

(八)车门状态显示

如图4-2-11所示,司机可在驾驶台MMI操作屏的车门界面上看到客室每个车门的当前状态。

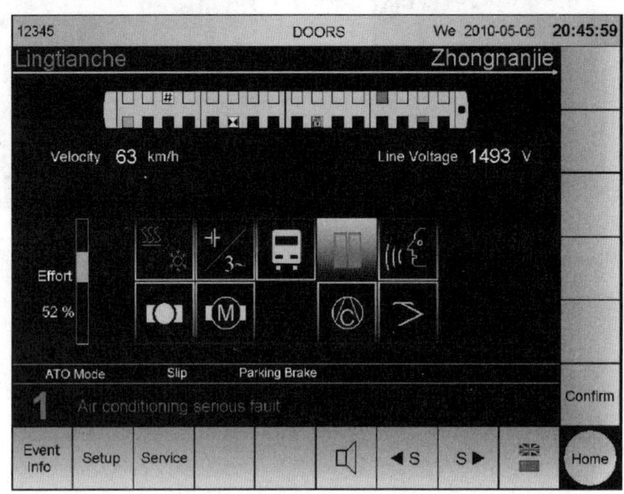

图4-2-11　车门状态显示界面

图中的各个图标所表示的含义见表4-2-2。

车门状态　　表4-2-2

优先级	符号	指示状态
1	#	紧急情况下门从里面或外面打开
2		门切除
3		维护按钮按下
4	/	门开有故障
5		门关有故障
6		门警告
7		门检测到障碍物
8		门开,无故障
9		门关,无故障

三、车门故障现象及处理

车门故障现象及处理见表4-2-3。

车门故障现象及处理　　表 4-2-3

序号	故障现象	故障处置方案	备注/说明
1	车门未正常打开	(1)按压驾驶室立柱“开门”按钮,再次开门操作	排除操作不到位导致车门未正常打开
		(2)按压驾驶室立柱“备用开门”按钮,再次开门操作。非人工驾驶模式下按压驾驶室另一侧立柱“开门”按钮	排除本侧开门指令输出故障/开门按钮故障导致车门未正常关闭
		(3)检查 CREC 电气柜内是否有断路器跳闸,如跳闸则恢复,再次开门操作	排除车门控制断路器跳闸导致车门未正常打开
		(4)将模式开关 1 打到 RM 模式,开门使能旁路开关打到旁路位,左侧/右侧车门选择开关打到左侧/右侧位,再次开门操作	排除信号系统无法给出车门使能导致车门未正常打开
		(5)将模式开关 2 打到 NRM 模式,再次开门操作	排除人工模式继电器故障
		(6)断合主控钥匙,再次开门操作,能开门则继续运营,否则去另一端驾驶室进行开门操作,清客下线	排除本端驾驶室开门控制电气故障
		(7)将左侧/右侧紧急使能旁路开关打到旁路位,再次开门操作,清客下线	司机无法排除此故障
		(8)上述操作无效,打开每个车门旁的“车门紧急解锁”装置,通过该装置打开车门,清客下线	司机无法排除此故障
2	所有车门未正常关闭	(1)按压驾驶室立柱“关门”按钮,再次开门操作	排除操作不到位导致车门未正常关闭
		(2)按压驾驶室立柱“备用关门”按钮,再次开门操作。非人工驾驶模式下按压驾驶室另一侧立柱“开门”按钮	排除本侧关门指令输出故障导致车门未正常关闭
		(3)检查 CREC 电气柜内是否有断路器跳闸,如跳闸则恢复,再次关门操作	排除车门控制断路器跳闸导致车门未正常关闭
		(4)将模式开关 1 打到 RM 模式,开门使能旁路开关打到旁路位,左侧/右侧车门选择开关打到左侧/右侧位,再次关门操作	排除信号系统无法给出车门使能导致车门未正常打开
		(5)将模式开关 2 打到 NRM 模式,再次关门操作	排除人工模式继电器故障
		(6)断合主控钥匙,再次关门操作	排除瞬间电气故障
		(7)上述操作无效,清客下线。清客时将 CREC 电气柜内门旁路开关打到旁路位	司机无法排除此故障
3	按下立柱“关门”按钮,部分车门未正常关闭,驾驶台上门关好指示灯不亮	(1)按压驾驶室立柱“关门”按钮,再次关门操作	排除操作不到位/车门未响应导致车门未正常关闭
		(2)HMI 显示有客室门显红。根据 HMI 指示找到相应车门,确认该门已关闭,用方孔钥匙将车门切除,观察 HMI 显示和门关好指示灯以确认故障车门已被隔离。同车同侧 2 个以上车门或整车同侧 6 个以上车门被切除,则运行到终点站退出服务,同车同侧连续 2 个以上车门或整车同侧 8 个以上车门被切除,则清客下线	全列车在关门状态下,切除严重故障的车门

续上表

序号	故障现象	故障处置方案	备注/说明
3	按下立柱"关门"按钮,部分车门未正常关闭,驾驶台上门关好指示灯不亮	(3)HMI显示有客室门打开。根据HMI指示找到相应车门,双手将车门拉至关闭,观察HMI显示和门关好指示灯以确认故障车门已被隔离。同车同侧非连续2个车门或整车同侧6个以上车门被切除,则运行到终点站退出服务;同车同侧连续2个以上车门或整车同侧8个以上车门被切除,则清客下线	全列车在关门状态下,切除功能故障的车门
		(4)HMI显示有客室门紧急解锁。根据HMI指示找到相应车门,用方孔钥匙将车门右侧立柱上的红色紧急解锁手柄复位到水平位置。若此手柄已在水平位置,则切除该车门。同车同侧非连续2个车门或整车同侧6个以上车门被切除,则运行到终点站退出服务;同车同侧连续2个以上车门或整车同侧8个以上车门被切除,则清客下线	恢复车门的紧急解锁或切除紧急解锁功能故障的车门
		(5)HMI无任何异常显示。检查远端驾驶室CREC电气柜内CLCB_L、CLCB_R,若断开则恢复,若正常则重新断合一次	排除车门安全环路瞬间电气故障
		(6)上述操作无效,清客下线。清客时将CREC电气柜内门旁路开关打到旁路位	司机无法排除此故障

巩固拓展

1.地铁车辆客室门开门程序

(1)在自动驾驶或ATP防护下人工驾驶模式下。

①列车停稳。

②ATP将允许开门按钮灯左侧或右侧点亮。

③如果列车停在准确的位置(仅在自动驾驶模式),ATO发出一个开门控制指令。

如果列车停车位置超出或处于任何其他的驾驶模式,司机可按下"允许"开门按钮,允许开门按钮灯点亮,然后开门操作。

④列车综合管理系统送出一个持续3s的音频信号。

⑤车门的两个指示灯(内/外侧)闪烁。

⑥门打开。

⑦驾驶操作显示屏上的门图标变为黄色。

⑧门关到位,灯熄灭。

⑨关门按钮灯左侧或右侧点亮为红色。

(2)在其他人工驾驶模式下,司机必须根据不同的车站选择左侧或右侧一边开门。

①列车停稳。

②ATP不会点亮左侧或右侧允许开门按钮灯。

③ATO不会送出一个开门控制指令。司机必须手动按下相应的开门按钮"允许"开门。

④列车综合管理系统送出一个持续3s的音频信号。

⑤车门的两个指示灯(内/外侧)闪烁。

⑥门打开。

⑦DDU上的门图标变为黄色。

⑧门关到位灯熄灭。

⑨关门按钮灯左侧或右侧点亮为红色。

2. 地铁客室门关门程序

(1)自动驾驶模式时。

①司机根据关哪一侧门的需要按下“左侧关门”或“右侧关门”按钮。

②列车综合管理系统发出一个持续3s的音频信号。

③“所有门关到位”指示灯点亮,关门按钮灯熄灭,驾驶操作显示屏上的图标变为黑色。

④司机按下“起动允许”按钮,列车开始加速。

如果有人拉下客室紧急手柄,在驾驶操作显示屏上显示相应门的图标(箭头);如果列车处于停止状态,列车不能起动;如果列车已经起动运行,司机可根据列车在轨道上的位置决定是否停车(采取紧急制动)或让ATP控制,此时,门安全回路打开。

(2)人工驾驶模式时。

①司机根据关哪一侧门的需要按下“左侧关门”或“右侧关门”按钮。

②列车综合管理系统发出一个持续3s的音频信号(蜂鸣器)。

③“所有门关到位”指示灯点亮,关门按钮灯熄灭,驾驶操作显示屏上的图标变为黑色。

④司机将驾驶主手柄向前推到牵引区,列车开始加速。

如果有人拉客室紧急手柄,在驾驶操作显示屏上显示相应门的图标(箭头);如果列车处于停止状态,列车不能起动;如果列车已经起动运行,司机可根据列车在轨道上的位置决定是否停车(采取紧急制动)或让ATP控制,此时,门安全回路打开。

(3)慢行模式时。

司机根据关哪一侧门的需要按下“左侧关门”或“右侧关门”按钮,列车综合管理系统发出一个持续3s的音频信号。“所有门关到位”指示灯点亮,关门按钮灯熄灭,驾驶操作显示屏上的图标变为黑色。

无论车门是否关好,司机都可将驾驶主手柄向前推到牵引区,列车开始加速,速度达到3km/h。在车门打开的情况下驾驶,司机必须负责。

任务三　客室车门系统常见故障分析与处理

1. 图4-3-1所示故障属于哪种车门故障?
2. 该车门出现故障的原因是什么?如何处理该车门故障?
3. 了解车门常见故障的类型及处理方法。

任务分析

本任务要求学生首先要熟悉车门故障类型，然后通过课件及实物认知车门机械故障、车门电气故障的原因分析及处理，并注意日常检查及维护，以达到提高检修水平及故障处理水平的目的。

任务实施

1. 学习环境。

本任务学习在城市轨道交通车辆专用一体化教室（配备多媒体）、城市轨道交通车辆综合实训室。

2. 学习步骤。

（1）分组讨论，以5～7人为一组完成工作任务。

①查阅资料，完成任务案例1～3。

②参照资料和知识导航，组织归纳知识点。

（2）按照表4-3-1整理制订学习工作单。

学习工作单 表4-3-1

<table>
<tr><td>工作单</td><td colspan="3">车门系统的常见故障分析及处理</td></tr>
<tr><td>任务</td><td colspan="3">1. 认知和处理车门常见部件断裂、裂纹故障；
2. 了解车门常见故障的类型及故障原因；
3. 练习掌握车门部分故障原因分析及处理方法</td></tr>
<tr><td>班级</td><td></td><td>姓名</td><td></td></tr>
<tr><td>学习小组</td><td></td><td>工作时间</td><td></td></tr>
<tr><td colspan="4">内容</td></tr>
<tr><td colspan="4"></td></tr>
</table>

（3）小组内互相协助考核学习任务，组内互评；根据其他小组在成果展示活动中的表现及结果进行小组互评。

知识导航

城市轨道交通车辆车门系统在运营中起着重要的作用，客室车门数量多，开关频繁，一旦车门发生故障，将会给地铁运营带来较大影响。车门故障复杂繁多，常见故障主要包括车门机械故障、车门电气故障。故障表现为车门不能打开、车门无法关闭、检测不到车门信号、开关门时动作不良（时快、时慢）等。

一、车门机械故障原因及处理

1. 机械干涉

机械干涉主要表现在门板运动时与门罩板或侧墙板刚蹭、门机构驱动装置与门罩板刚蹭形成机械性的干涉。一般是由于罩板安装或车门机构调整不到位造成的，该问题在新车调试、运营初期经常出现。

2. 机械尺寸变化引起的故障

车辆运行中,在客流大集中时,由于车体挠度等因素影响,造成车门相关部件与车体等部位尺寸变化,引起车门打开或关闭不良等故障。

出现此故障时,应检查车门尺寸调整是否在规定的范围内,如 V 形尺寸、车门对中尺寸等;同时还应检查车门的各部件是否存在相互干涉的情况。

3. 部件裂纹、折断

在运行中,客室车门要频繁开关动作,有些受力部件因材质、设计缺陷及安装不规范经常会出现部件裂纹或折断的情况,如图 4-3-1 所示。

a)车门复位气缸安装螺钉断裂

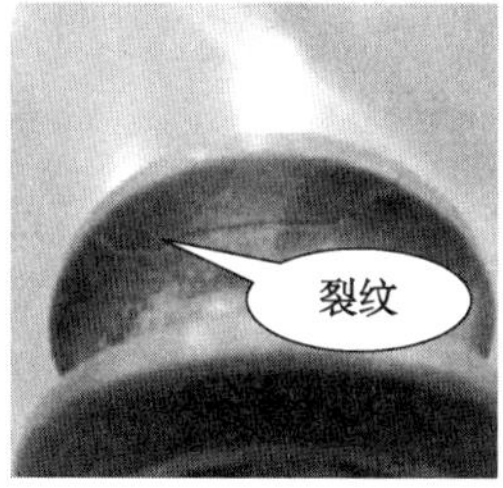

b)承载轮破裂

c)车门导柱挂架断裂

图 4-3-1　常见部件断裂、裂纹故障

零部件损坏可通过更换新件解决,如果同一类零部件损坏率较大,则应当检查是否存在系统设计问题或调整方面的失误。

二、车门电气故障及处理

车门电路故障主要有继电器卡滞、烧损,行程开关内部弹簧老化造成触头接触不到位、车门电机故障、门控器故障以及车门状态指示灯的故障。这类故障均可通过对相关车门电路的分析查出故障点并处理。

1. 门控器(EDCU)故障

门控器故障主要表现在门控器软件设计缺陷、门控器硬件故障,导致车门部分功能缺失或开关门故障等问题。一般情况下,门控器都设有 LED 状态指示装置,通过代码来判断故障。代码与门状态见表 4-3-2。

门控器 LED 数值显示列表　　表 4-3-2

数码管显示	门　状　态	数码管显示	门　状　态
0	正常等待	F	上电复位
1 和 2	开门过程	A	隔离
3 和 4	关门过程	B	紧急解锁
5	开门命令	C	障碍物停
6	关门命令	D	紧急解锁和无零速信号
7	再开门命令	E	编码器故障
8	服务按钮命令	H	电机故障
9	无零速信号	L	电磁铁故障
		H	门板开关故障
		P	输出短路

出现 EDCU 故障,可检查 EDCU 中软件版本是否为新版本或者检查 EDCU 的接线端子是否异常,如果 EDCU 本身故障,则更换 EDCU。

2. 车门电机故障

车门电机故障主要表现为车门不动作或动作后突然停止等。一般情况下为电机本身的故障即电机线圈烧损或电机接线的问题。

3. 车门行程开关故障

行程开关主要是对客室门系统的各种状态给予信号,包括门关好信号、门开好信号、隔离信号、紧急解锁信号等。例如:车门打开后按下关门按钮,车辆显示屏显示单个车门无法关闭。其主要原因是关门行程开关出现故障,关门时 EDCU 接收不到“门关好”信息,因此,向列车诊断发出“故障”信息。

出现此故障要检查该行程开关是否存在故障,若有故障,将其更换;检查该行程开关是否安装过紧,动作过程是否满足要求,不符合要求,则重新调整。在日常的检查和维护中,需要定期对行程开关的外观进行检查,如果发现行程开关塑料外壳碎裂或行程开关触点烧损以及动作不灵活的现象时,都要对其更换。

三、车门部分故障原因及处理方法

车门部分故障原因及处理方法见表 4-3-3。

车门部分故障的处理方法 表 4-3-3

故障现象	故障原因	检查方法和解决方法
单个车门无法打开	1. 门控器故障; 2. 门控器或端子排接线问题; 3. 门机构配合不当; 4. 驱动装置故障	1. 检查门控器是否安装状态良好、性能良好,否则更换门控器; 2. 检查门控器或端子排接线是否牢固、无烧损,重新插装接线端子后,检查故障是否消失; 3. 检查门机构; 4. 检查驱动装置
单个车门无法关闭	1. 门控器故障; 2. 门控器或端子排接线问题; 3. 门机构配合不当; 4. 驱动装置故障	1. 检查门控器是否安装状态良好、性能良好,否则更换门控器; 2. 检查门控器或端子排接线是否牢固、无烧损,重新插装接线端子后,检查故障是否消失; 3. 检查门机构; 4. 检查或更换驱动装置
单个车门无法通信	1. 门控器故障; 2. 门控器或端子排接线问题	1. 检查门控器是否安装状态良好、性能良好,否则更换门控器; 2. 检查门控器接线盒端子排接线是否牢固、无烧损,重新插装接线端子后,检查故障是否消失
MMI 显示单个车门故障物	1. 门控器故障; 2. 撞拴不灵活; 3. 机构配合不当; 4. 驱动装置故障	1. 检查门控器是否安装状态良好、性能良好,否则更换门控器; 2. 检查锁门撞栓状态是否良好、动作灵活可靠,否则更换门控器; 3. 检查门机构; 4. 检查或更换驱动装置
MMI 显示单个车门紧急解锁	1. 门控器故障; 2. 紧急解锁装置故障	1. 检查门控器是否安装状态良好、性能良好,否则更换门控器; 2. 检查紧急解锁行程开关是否安装状态良好、性能良好,检查柔型钢索是否安装良好、无磨损、无断股,必要时进行调整和更换

续上表

故障现象	故障原因	检查方法和解决方法
MMI 显示单个车门电磁铁故障	1. 门控器故障; 2. 电磁铁故障; 3. 门机构配合不当	1. 检查门控器是否安装状态良好、性能良好,否则更换门控器; 2. 检查电磁铁工作是否正常,否则更换电磁铁; 3. 检查门机构
MMI 显示单个车门开关门超时	1. 门控器故障; 2. 门控器或端子排接线问题; 3. 编码器故障	1. 检查门控器是否安装状态良好、性能良好,否则更换门控器; 2. 检查门控器接线和端子排接线是否牢固、无烧损,重新插装接线端子后,检查故障是否消失; 3. 检查电机编码器是否工作正常,否则更换编码器

巩固拓展

车门故障案例分析:如图 4-3-2 所示,MMI 屏幕显示对应左右车门不能打开或关闭故障信息。故障原因如图 4-3-3、图 4-3-4 所示。

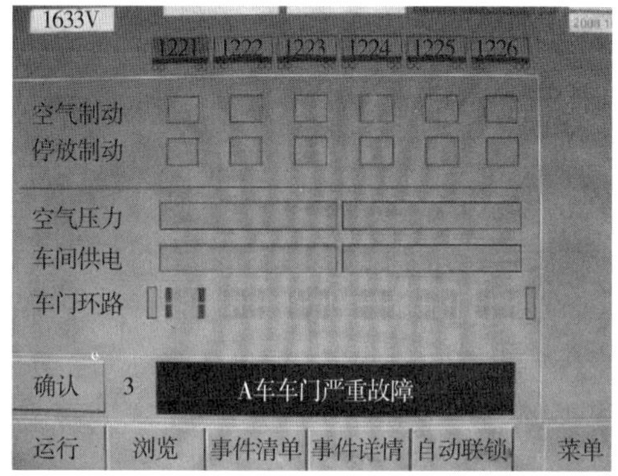

图 4-3-2 MMI 屏幕显示对应左右车门不能打开或关闭故障信息

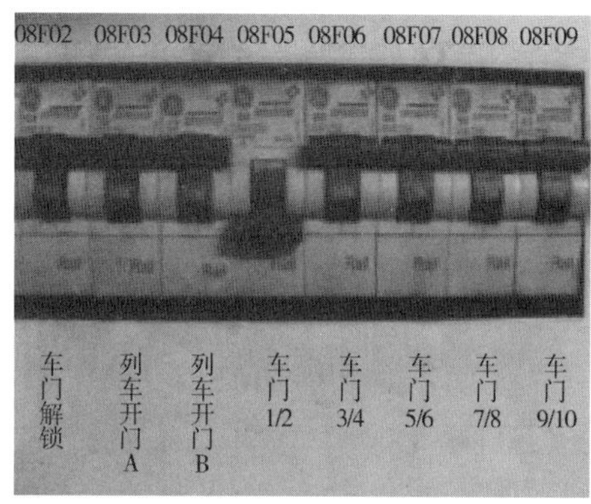

图 4-3-3 MMI 屏幕显示对应左右车门不能打开或关闭故障原因 1

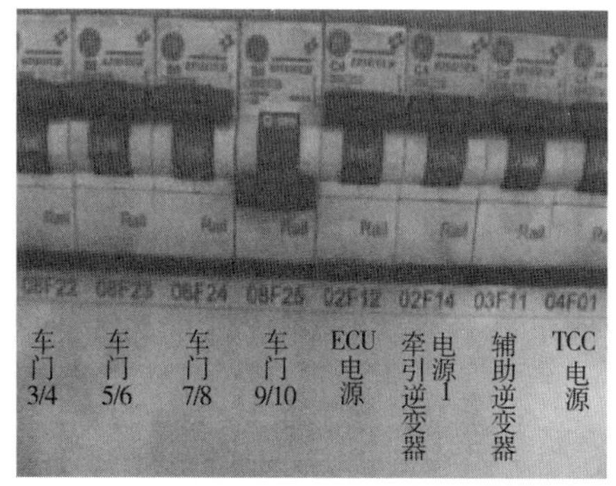

图 4-3-4 MMI 屏幕显示对应左右车门不能打开或关闭故障原因 2

故障处理建议:对照电气原理图检查相应门的微型断路器是否跳闸,如有跳闸,则复位;如无跳闸或复位无效,则将其切除。

项目知识小结

随着世界城市轨道交通的发展,各个国家的轨道交通车辆的车门类型多种多样。按照车门功能分类可分为客室侧门、驾驶室侧门、间隔门、紧急逃生门。其中最复杂的是客室侧门,也是运营时使用最频繁的部件。

我国采用了双扇电动塞拉门系统,由电子门控单元 EDCU 进行控制,EDCU 是可编程序控制器,采用 110V 电源,具有零速保护和安全联锁电路,开/关门有报警,是车门系统中的关键电气部件。车门操纵的主要设备是设在驾驶室的开/关门按钮,按下开/关门按钮同一侧所有的客室车门可同时打开和关闭,驾驶员可在驾驶台 MMI 操作屏的车门界面上看到客室每个车门的当前状态。

车门故障表现复杂繁多,其中既有车门气动系统、机械传动方面的问题,也有很多车门电气控制及信息检测系统的故障。车门故障在正线运营中主要集中为车门不能打开、车门无法关闭、检测不到车门信号、开/关门时动作不良(时快、时慢)等现象。

项目达标检测

一、填空题

1. 城市轨道交通列车的车门种类按用途可分为(　　)、(　　)、(　　)、(　　)四种。

2. 客室车门按照其开启及结构形式主要可分为(　　)、(　　)、(　　)和(　　),其中(　　)最为常用。

3. 塞拉门主要由(　　)、(　　)、(　　)、(　　)、(　　)、(　　)、(　　)以及(　　)等组成。

4. 电控电动门由电子门控单元 EDCU 进行控制,EDCU 是(　　)和(　　)之间的接口。

5. EDCU 可编程序控制器由五部分组成:(　　)、(　　)、(　　)、(　　)、(　　)。

6. 车门既可在 ATO 模式下自动开关,也可以由司机操纵开关。考虑到安全因素,也有两种不同的门控信号:(　　)和(　　)。

7. 在通常操作中车门打开可以由 ATP 来使能,(　　)控制开关门。

8. 只有当列车静止且在站台正确的位置时,(　　)才能给出使能信号。在 URM 模式下操作,可以通过(　　)来实现开门使能。

9. 当司机按下关门按钮后,关门信号通过列车线向每个车门发出,每个车门的(　　)收到关门信号后将控制电动机驱动丝杠,从而使门叶关闭并锁好。

10. 钥匙开关有 3 个挡位,即(　　)、(　　)和(　　)。只有当开关处于(　　)位置时,钥匙才能被插入和拔出。

11. 客室开/关门操作与安装在驾驶室操作台上的“门模式选择”开关有关,“门模式选择”开关有 4 个挡位:(　　)、(　　)、(　　)、(　　)。

12. 当“门模式选择”开关在自动开自动关位时:停稳后,司机无须操作任何开关门按钮,(　　)自动发出开关门指令到门控单元。

13. 司机按下左门关按钮 DCPB1_L(驾驶台左侧)或 DCPB2_L(驾驶室左侧),所有左侧车门延迟(　　)后开始关闭,车门指示灯在关门过程中闪烁(　　),门关到位后,车门指示灯灭。

14. 如果关门时碰到障碍物,最大关门力最多持续(　　),然后车门可以重新打开一段距离,再重新关闭或保持这个位置进行一段时间的调节,再完全关上。

15. 气动门的障碍物探测通过压力传感器测定关门阻力来实现;电动门的障碍物探测通

过测定(　　)实现。

16. 当单个车门故障时,为了不影响列车的运行,通过专用钥匙将该车门进行(　　)。

二、简答题

1. 简述城市轨道交通车辆车门的类型和结构。
2. 车门由哪些主要部件组成?
3. 简述客室开/关门的操作方法及车门指示灯的状态显示。
4. 简述车门隔离的操作方法及车门切除指示灯的状态显示。
5. 比较城市轨道交通车辆客室车门的开门和关门的区别。
6. 简述城市轨道交通车辆客室车门开门程序。
7. 简述城市轨道交通车辆客室车门关门程序。
8. 简述塞拉门开/关门的动作原理及动作过程。
9. 分析塞拉门的控制原理。
10. 分析常规操作时,车门打不开可能存在的原因。

项目五　城市轨道交通车辆转向架故障分析与处理

学习目标

1. 掌握城市轨道交通车辆转向架的作用及组成。
2. 认知典型转向架。
3. 掌握转向架轮对故障及其原因。
4. 掌握转向架出现故障的原因。
5. 能够分析弹簧减震装置出现故障的原因。
6. 培养良好的职业素养及分析观察能力。

转向架是城市轨道交通车辆的重要组成部分，结构复杂，类型较多。常见的故障部位主要包括轮对、构架、弹簧减震装置、驱动装置等。

任务一　认识转向架

任务案例

1. 图5-1-1中转向架属于动车转向架还是拖车转向架？该转向架主要由哪几部分组成？

2. 城市轨道交通车辆转向架的结构及工作原理的认知。可在多媒体课件展示或在城市轨道交通车辆综合实训模拟仿真实训室练习。相关教学资源见二维码4、5、6。

二维码4　二维码5　二维码6

图5-1-1　转向架

任务分析

城市轨道交通车辆转向架有动车转向架和拖车转向架之分，动车转向架主要用于动车，拖车转向架主要用于拖车。转向架主要由轮对轴箱装置、弹性悬挂装置、构架、制动装置、驱动装置、转向架中心牵引装置等组成。本任务要求学生熟悉转向架的分类、作用及组成，并对转向架的结构及工作原理进行认知，首先通过多媒体课件认识转向架。然后再通过实训室中转向架模型重点掌握转向架的组成及工作原理。

1. 学习环境。

本任务学习在城市轨道交通车辆专用一体化教室（配备多媒体），使用城市轨道交通车辆转向架模型等。

2. 学习步骤。

（1）分组讨论，以 5 ~ 7 人为一组完成工作任务。

①根据任务案例 1，分析转向架的类型并指出其构成部件。

②根据任务案例 2，组织归纳知识点。

（2）按照表 5-1-1 整理制订学习工作单。

学 习 工 作 单　　表 5-1-1

工作单	转向架分类、组成		
任务	1. 分析转向架的作用； 2. 掌握转向架的分类； 3. 掌握转向架的组成及各部分的作用		
班级		姓名	
学习小组		工作时间	
内容			

（3）小组内互相协助考核学习任务，组内互评；根据其他小组在成果展示活动中的表现及结果进行互评。

一、转向架的作用和组成

（一）转向架的基本作用

（1）为了增加车辆载重、长度、容积，提高运行速度，满足铁路运输发展。

（2）在正常运行条件下，车体能可靠的坐落在转向架上，通过轴承装置使车轮沿钢轨的滚动转化为车体沿轨道线路运行的平动。

（3）支承车体，承受并传递从车体至轮对之间的各种载荷及作用力，并使轴重均匀分配。

（4）保证车辆运行安全，灵活地沿直线线路运行和顺利通过曲线。

（5）转向架结构要便于弹簧减震装置的安装，使之具有良好的减震特性，以缓和车辆和线路之间的相互作用，减小振动和冲击，减小应力，提高车辆运行的平稳性和安全性。

（6）充分利用轮轨之间的黏着，传递牵引力和制动力，放大制动缸所产生的制动力，使车辆具有良好的制动效果。

(7)转向架为车辆的一个独立部件,便于转向架的拆装,单独制造和检修。

(二)转向架的组成

一般城市轨道交通车辆的转向架采用二轴构架式转向架,并普遍采用无摇枕结构。转向架的种类有很多,按照不同的分类方法可以对转向架进行不同的分类。无论何种形式的转向架,它们的基本组成部分和主要功能是相同的。转向架的主要构成如图 5-1-2 所示。

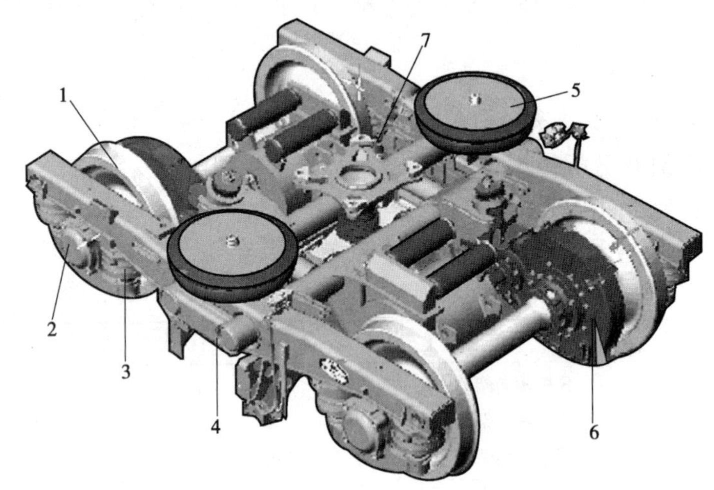

图 5-1-2　转向架的组成

1-轮对;2-轴箱;3-一系悬挂;4-构架;5-二系悬挂;6-驱动装置;7-基础制动装置

1. 轮对轴箱装置

轮对承担车辆全部重量,并且直接向钢轨传递质量,通过钢轨之间的黏着产生牵引力和制动力,并通过车轮的回转实现对车辆在钢轨上的运行(平移)。轮对在钢轨上高速运行,同时承受着从车体、钢轨两方面传递来的其他各种动、静作用力,受力很复杂。轴箱与轴承装置是连接构架和轮对的活动关节,它除了保证轮对进行回转外,还能通过轮对适应线路不平顺条件,相对于构架上下、左右、前后运动。

2. 弹性悬挂装置

为减少线路不平顺、轮对运动对车体的各种动态影响(如垂直振动、横向冲击等),转向架在轮对与构架、构架与车体之间设有弹簧悬挂装置。前者称为轴箱弹簧悬挂装置(又称为一系弹簧悬挂装置),后者称为中央弹簧悬挂装置(又称为二系弹簧悬挂装置)。弹簧悬挂装置包括弹簧、减振器及定位装置等。一系悬挂用来保证一定的轴重分配,缓和线路不平顺对车辆的冲击,并保证车辆运行的平稳性,主要包括轴箱弹簧、垂向减振器和轴箱定位装置等。二系悬挂装置用以传递车体与转向架间的垂向力和水平力,是转向架在车辆通过曲线时能相对于车体回转,并进一步减缓车体与转向架间的冲击和振动,同时必须保证转向架安全平稳,主要包括二系弹簧、各方向减振器、抗侧滚装置和牵引装置。

3. 构架

构架是转向架的基础,主要包括侧梁、横梁和其他零部件的安装或悬挂座,它把转向架的各个零部件组成一个整体。它不仅承受、传递各种载荷及作用力,而且它的结构、形状和尺寸都应满足各零部件组装的要求(如基础制动装置、弹簧悬挂装置、牵引电动机等)。

4. 基础制动装置

为了使运行着的车辆能迅速减速或停车，为了防止车辆在下坡道上运行时由于重力作用导致车速增加，同时为避免停放的车辆因重力作用或风力吹动而溜走，都需要在转向架上安装基础制动装置。主要包括制动缸、放大系统、制动闸片和制动盘，其作用是传递并放大制动缸的制动力，并将其传递给闸瓦或闸片，使其车轮或制动盘摩擦而产生制动力。

5. 驱动装置

动力转向架和非动力转向架的区别在于动力转向架上设有牵引电动机与齿轮变速传动装置。动力转向架通过齿轮变速传动装置使牵引电动机的扭矩转化为车轮上的转矩，利用轮轨之间的黏着作用，驱动车辆沿着轨道运行。

6. 转向架中心牵引装置

转向架中心牵引装置由中心销系统和牵引拉杆组成，包括中心销、牵引拉杆系统。主要作用是传递牵引力和制动力，完成转向架相对于车体的回转运动，架车时悬吊转向架。

二、转向架的分类

由于车辆用途运行条件差异，制造维修方法的制约和经济条件等具体因素的影响，对转向架的性能结构参数和采用的材料及工艺等要求就要差别，因而出现了多种形式的转向架。

1. 轴数和类型

按轨道交通车辆的轴数分主要有二轴、三轴和多轴转向架，城市轨道交通一般均是二轴转向架，我国大多数客货车采用二轴转向架，一些大吨位货车及公务车等采用三轴转向架，在长大重载货车上用多轴转向架或转向架群。

车辆所用的轴型基本上可分为 B、C、D、E、F、G 六种。轴直径越粗，容许轴重越大，但是大容许轴主要受线路和桥梁的强度标准的限制，城市轨道交通车辆一般选用轴重较轻的 B、C、D 轴。

2. 轴箱的定位方式

轴箱的定位方式主要有拉板式定位、拉杆式定位、转臂式定位、层叠式橡胶弹簧定位、干摩擦导柱式定位等定位方式。

3. 弹簧减震装置的形式（悬挂方式）

（1）一系弹簧悬挂。如图 5-1-3a）所示，在车体与轮对之间，只设有一系弹簧减震装置，它可以设在车体与构架间，也可以设在轮对与构架之间。

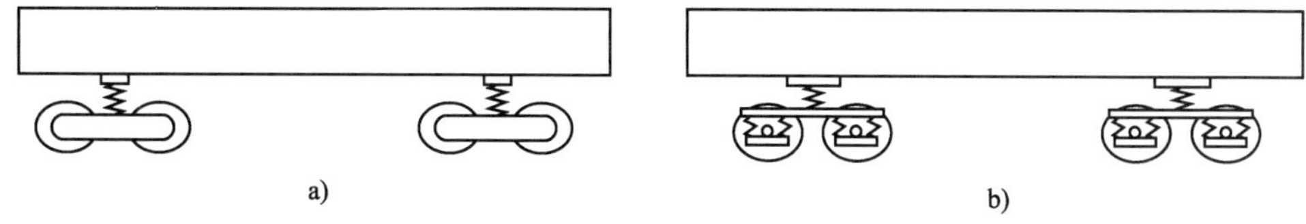

图 5-1-3　弹簧悬挂装置

（2）二系弹簧悬挂。如图 5-1-3b）所示，在车体与轮对之间设有二系弹簧减震装置，即在车体与构架之间设有弹簧减震装置，在构架与轮对之间设轴箱弹簧减震装置，两者互相串联，使车体振动经历两次弹簧减震的衰减。

4. 摇枕弹簧的横向跨度分类

转向架中，摇枕弹簧横向跨距的大小对于车体的倾覆稳定性影响显著，增大跨距可增加车体抗倾覆的复原力矩，提高车体在弹簧上的稳定性，根据摇枕悬挂装置中弹簧横向跨距的不同可分为以下三类：

（1）内侧悬挂。摇枕弹簧的横向跨距小于构架两侧梁纵向中心线的距离，称内侧悬挂转向架，如图 5-1-4a）所示。

（2）外侧悬挂。摇枕弹簧的横向跨距大于构架两侧梁纵向中心线的距离，称外侧悬挂转向架，如图 5-1-4b）所示。

（3）中心悬挂。摇枕弹簧的横向跨距等于构架两侧梁纵向中心线的距离，称中心悬挂转向架，如图 5-1-4c）所示。

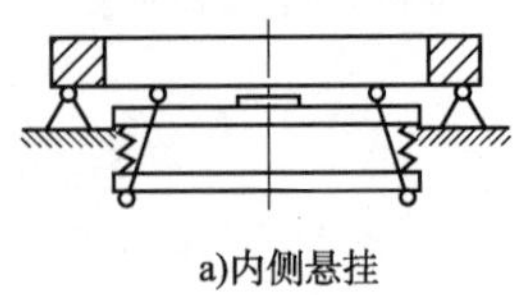

a)内侧悬挂

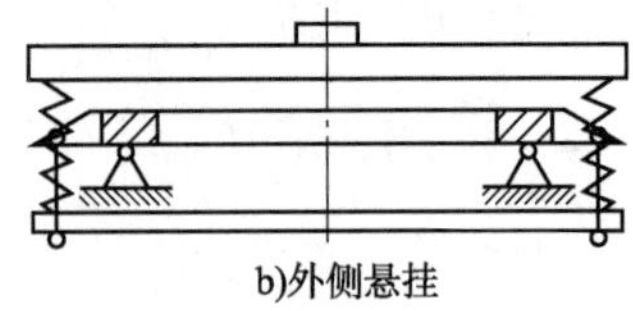

b)外侧悬挂

c)中心悬挂

图 5-1-4 弹簧减震装置的横向跨距

5. 车体与转向架之间的载荷的传递方式

（1）心盘集中承载。车体上的全部重量通过前后两个上下心盘分别传递给前后转向架的两个下心盘，如图 5-1-5a）所示。

（2）非心盘集中承载。车体上的全部重量通过弹簧悬挂直接传递给转向架，或者通过弹簧悬挂装置与构架之间装设的旁承装置传递，如图 5-1-5b）所示。

（3）心盘部分承载。车体上的重量按一定的比例分配，分别传递给心盘和旁承，使之共同承载，如图 5-1-5c）所示。

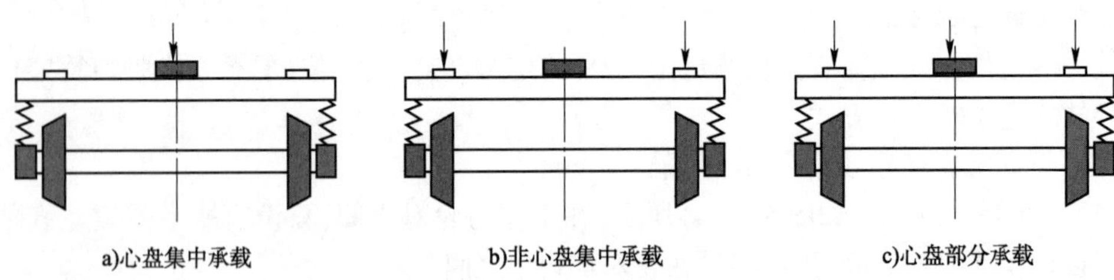

a)心盘集中承载　b)非心盘集中承载　c)心盘部分承载

图 5-1-5 车体承载的传递方式

巩固拓展

典型转向架简介

如图 5-1-6 所示为上海地铁 SMC 型转向架，主要用于上海地铁 1、2、4 号线。其特点主要有：

（1）一系采用人字弹簧定位；二系采用空气弹簧定位，每个转向架设两个垂向减振器、一个横向减振器、一套抗侧滚扭杆,横向减振器在机构下侧,便于检修。

(2)抗侧滚扭杆的扭臂、连杆置于构架外侧,扭杆工作长度大,对车体侧滚运动反应灵敏且有效。

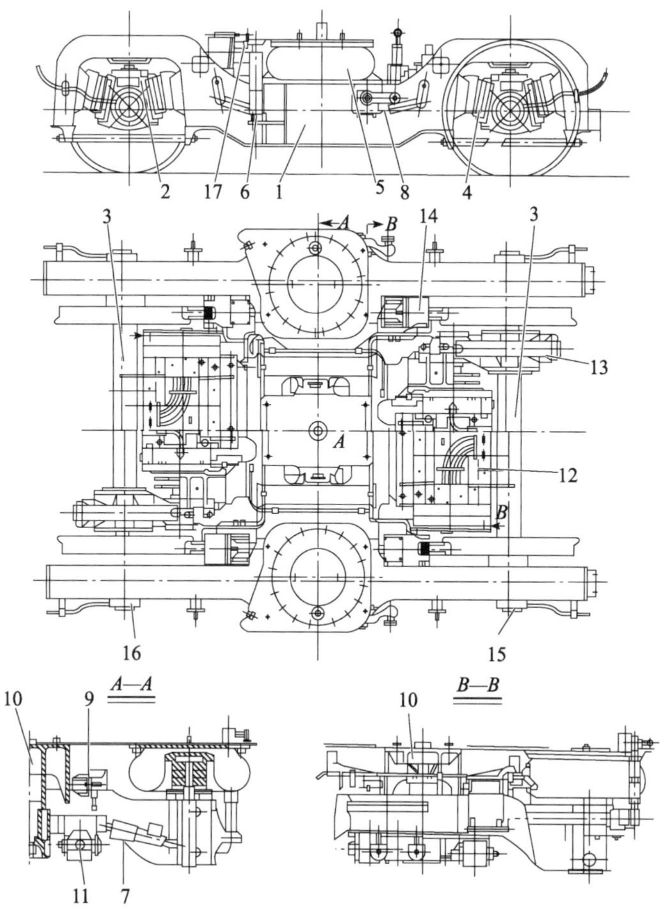

图 5-1-6 上海地铁 SMC 型转向架

1-构架;2-轴箱;3-轮对;4-橡胶弹簧;5-空气弹簧;6-垂直油压减振器;7-横向油压减振器;8-抗侧滚扭杆装置;9-横向橡胶缓冲挡;10-中央牵引连接装置;11-牵引拉杆;12-牵引电动机;13-齿轮减速箱;14-单元踏面制动装置;15-速度传感器;16-接地装置;17-高度控制阀

(3)轴箱部位呈拱形,以适应人字弹簧定位要求。

(4)横梁两侧设悬臂式电动机座和齿轮箱吊座。

(5)中央牵引装置采用中心销、复合弹簧、心盘座、"Z"字形牵引拉杆结构,均匀分配牵引力和制动力。中心销两侧设横向止挡。

(6)齿轮箱为一级减速,直流车齿轮箱箱体为卧式水平分型面,易于检修;交流车为横向垂直分型面,不便于检修;两种齿轮的大、小齿轮齿数及减速比也不同。

(7)直流车采用橡胶联轴节,电动机中心与小齿轮轴中心的同轴度要求高,齿轮箱吊杆长度可调;交流车采用机械联轴节,齿轮箱吊杆长度不可调,只需转向架进行台架试验时加垫片调整。

(8)直流车每辆车的两个转向架分别设一个和两个高度阀,即车体三点定位,易调整地板面高度,也易满足转向架均衡性要求;交流车每辆车的两个转向架均只有一个高度阀,即车体两点定位,易满足转向架均衡性要求,单调整地板面高度难度较大。

任务二　转向架常见故障分析与处理

1. 图 5-2-1 中转向架轮对出现了什么问题?如何进行判断?

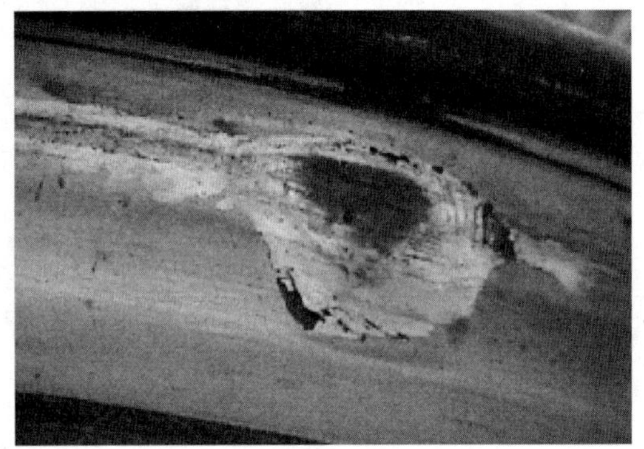

图 5-2-1　转向架轮对擦伤示意图(对称)

2. 转向架常见故障分析及处理。可在多媒体课件展示或在城市轨道交通车辆综合实训模拟仿真实训室练习。

转向架作为车辆的走行部,在车辆的运行中起着至关重要的作用。转向架的故障会在不同程度上影响车辆运行,快速判断转向架故障,是电客车驾驶员必备的业务能力之一。通过本任务的学习和训练,要求掌握转向架常见故障的判断和分析方法,能够快速判断出转向架出现的故障并进行简单处理。

任务实施

1. 学习环境。

本任务学习在城市轨道交通车辆专用一体化教室(配备多媒体),使用城市轨道交通车辆转向架模型等。

2. 学习步骤。

(1)分组讨论,以 5 ~7 人为一小组完成工作任务。

①根据任务案例中的练习项目 1,指出轮对出现的故障,并找出轮对擦伤的主要原因。

②根据任务案例中的练习项目 2,组织归纳知识点。

(2)按照表 5-2-1 整理制订学习工作单。

学习工作单　　表 5-2-1

工作单	转向架常见故障分析与处理		
任务	1. 分析转向架常见故障; 2. 掌握转向架常见故障处理标准		
班级		姓名	
学习小组		工作时间	
内容			

(3)小组内互相协助考核学习任务,组内互评;根据其他小组在成果展示活动中的表现及结果进行小组互评。

一、轮对常见故障分析

轮对由车轴和车轮组成,接合部分采用过盈配合。轮对常见的故障出现在车轮和车轴部位。在外观检查期间对车轮要进行精确测量,才能确保车轮磨耗被监控以及车轮在特殊路线运行状态和正常运行条件下的车轮磨耗情况。

(一)车轴的损伤

车轴的损伤主要有车轴裂纹、车轴磨伤、车轴弯曲等。这些损伤会对车辆的运行造成危害,严重时会引起车辆脱轨、颠覆或燃轴。

1. 车轴裂纹

车轴裂纹可以分为横裂纹和纵裂纹,横裂纹出现时与车轴中心线之间的角度大于45°,纵裂纹出现时与车轴中心线之间的角度小于45°。如果横裂纹持续扩展,会使车轴的有效面积减小,引起断轴事故。

2. 车轴磨伤

车轴在使用过程中会出现磨伤的现象,一般在轴颈及防尘板座上,会出现划痕、凹痕、擦伤、锈蚀和磨伤等。轴身磨伤的原因是由于制动拉杆、杠杆组装不良而与车轴接触造成磨伤。对于车轴磨伤出现的位置,会引起应力集中,最终造成车轴裂纹。

3. 车轴弯曲

车辆在工作过程中,如果车辆重车状态下脱轨或者在行驶过程中受到剧烈冲击会引起车轴的弯曲。车轴一旦出现弯曲现象,会使运行过程中的振动变成剧烈振动,还会导致轴箱发热,出现轮缘偏磨的现象,甚至造成脱轨事故。在检查时,对车轴弯曲有限度规定,一般沿车轮圆周测量轮对内侧距离,如果任意两处相差超过3mm,则必须更换轮对。

(二)车轮的损伤

车轮的损伤主要包括踏面圆周磨耗,轮缘磨耗,踏面擦伤、剥离和局部凹下,车轮裂纹等。下面对前三种情况进行详细介绍。

1. 踏面圆周磨耗

原因：

(1)由于挤压而造成的塑性变形。

(2)由于摩擦热的作用。摩擦生热会使局部温度升高，温度升高后，材料的特性会改变，使踏面更容易产生磨耗。

危害：

(1)影响运行平稳性。

(2)增大运行阻力。

(3)有可能造成脱轨。

磨耗限度：磨耗深度不能超过5mm，否则必须镟修。

2. 轮缘磨耗

原因：车轮踏面磨耗超过限度或其他故障要镟修车轮，镟修超过一定值的时候，轮辋厚度会随之变薄，其强度将会减弱。

危害：车轮容易发生裂纹，车轮直径会变小，需要更换车轮。

限度：D 型车轮轮辋厚度运用限度轨道为23mm。

3. 踏面擦伤、剥离和局部凹下

(1)现象：踏面擦伤。车轮踏面与钢轨之间产生强烈摩擦，摩擦高热导致车轮踏面局部受损，并伴随发生金属相变，出现硬而脆的马氏体组织。擦伤发生后，车轮圆度受损，严重时可导致车轮“打点”异音，表现为异音频率与车速高低成正比。踏面擦伤示意图如图5-2-1 所示。

故障分析：在列车制动过程中，由于受到某种因素的影响，如制动系统性能不佳、轮轨黏着力降低、选取的制动级位不恰当等，造成轮对瞬时抱死，从而导致擦伤。如擦伤尺寸超限且不及时处理，在轮轨接触力的作用下将造成该部位逐步剥落，产生车轮踏面剥离。

故障处理：

①发现车轮踏面存在擦伤时，填报故障单，并注明比对相应的规程标准结果。

②如未超限，则在后续运用中继续观察；如已超出限度要求，则应尽快安排镟修。

③对于可引起车轮打点异响的擦伤，予以镟修处理。

(2)现象：车轮踏面剥离。车轮踏面整个圆周或局部出现不规则网状裂纹、龟纹状裂纹或层状金属剥落。剥离现象如图5-2-2 和图5-2-3 所示。

图5-2-2 踏面剥离形貌(1)

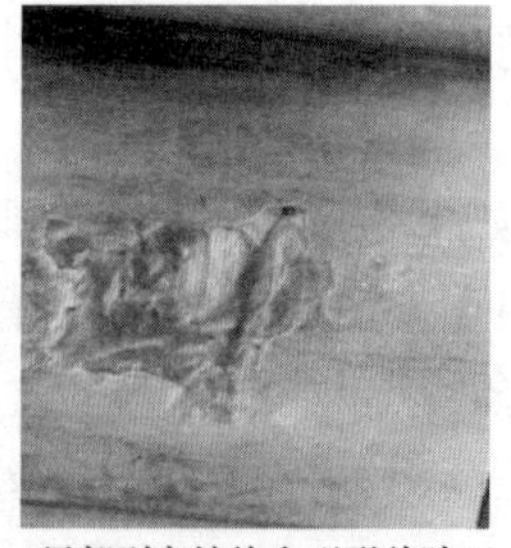

a)局部剥离掉块宏观形貌踏面

b)局部擦伤剥离宏观形貌

图5-2-3 踏面剥离形貌(2)

故障分析：从长期相关研究的结果和机理分析来看，车轮踏面剥离主要分为制动剥离、接触疲劳剥离、擦伤剥离三种;从材料失效机理上主要可以归结为两类:一类是由交变接触应力引起的接触疲劳损伤,另一类是由摩擦热循环引起的热疲劳损伤。

①接触疲劳损伤。车轮踏面与所接触到的钢轨或闸瓦之间相互作用,作用过程中踏面局部金属发生相变,出现硬而脆的马氏体组织。在轮轨接触力的长期作用下,该部位逐步剥落,产生车轮踏面剥离。

②热疲劳损伤。列车制动时将使车轮温度升高,如制动过于频繁或其他因素影响,导致车轮踏面温度在较短的时间内急剧反复变化,在零件内部就会产生热应力。温度反复变化,热应力也随着反复变化,从而使材料受到疲劳损伤。

故障处理:

①发现车轮踏面存在剥离时,填报故障单,并注明比对相应的规程标准结果。

②如未超限,则在后续运用中继续观察;如已超出限度要求,则应尽快安排镟修。

③对于可引起车轮打点异响的剥离,予以镟修处理。

二、构架常见故障分析

转向架的构架采用焊接构架,由于焊接工艺、结构设计和运用等方面的原因,易于在弯角处、吊座耳孔处、原有焊缝缺陷处等受力较大部位产生集中应力,在往复动载荷作用下就易出现裂纹。

(一)构架裂纹

1. 产生原因

(1)构架弯角处断面尺寸的突然变化,易产生应力集中而出现裂纹。

(2)由于焊接工艺不良产生内应力而出现裂纹。

(3)有焊接缺陷,如气孔、砂眼、加渣等,减弱了断面强度,产生局部应力过大而出现裂纹。

(4)焊接工艺不当,如未焊接、产生气孔、夹咬边等缺陷,加之焊修前、后热处理不当,在焊修处易发生脆裂。

(5)构架上受力较大部位,侧梁导框、中心销边缘易出现裂纹。

2. 裂纹的检查方法

一般为目视外观检查,观察易发生裂纹处有无锈线或在油垢处有无细线,也可借助手电筒光线与被检查处呈斜交照射来发现。对不易辨认的可疑迹象,可用乙炔焰烘烤的办法来判断,若被烤出呈现明显的缝隙则为裂纹。

(二)构架弯曲变形

1. 产生原因

构架弯曲变形有垂直弯曲变形(扭曲)和水平弯曲变形(翘曲)两种形式。构架垂直弯曲的原因多是由于构架受水平冲击使侧梁变形引起;水平弯曲则是构架受到较大的垂直载荷或由于焊接使产生的内应力随着时间的推移而引起永久性变形所致。

2. 弯曲变形的检查方法

应在平台上用量具进行测量,以判断构架弯曲变形的程度。

三、弹簧减震装置常见故障分析

(一)金属橡胶弹簧

金属橡胶弹簧既承受和传递垂向、纵向及横向载荷,又缓和车辆的振动与冲击,因此,金属橡胶弹簧的状态对转向架的性能影响甚大。

金属橡胶弹簧的损伤形式主要是橡胶的老化。橡胶弹簧生产出来半年后,橡胶就逐渐开始老化,静态挠度也逐渐减小,严重者表现为橡胶块龟裂、明显变形、与金属板间黏结脱离等症状,此时,金属橡胶弹簧就必须更换。

(二)金属螺旋弹簧

金属螺旋圆柱弹簧不仅能缓和运行中产生的振动和冲击,还能承受和传递载荷,从而可以减轻车辆各部件及钢轨的损伤,使车辆在线路上平稳运行。如若弹簧发生了故障,轻者失去缓和车辆振动的作用,重者会造成车体倾斜影响行车安全,甚至引起车辆颠覆事故。因此,应对弹簧进行认真检查,发现事故及时处理。

金属螺旋圆弹簧的损伤形式主要有裂纹、折损、衰弱、腐蚀及磨耗等。凡发现弹簧有裂纹、折损、腐蚀和磨耗过限时,都应更换。弹簧的修理,主要是修复出现衰弱的弹簧。

1. 裂纹和折损

圆弹簧的裂纹和折损经常发生于两端的 1.5 ~2 圈内,裂纹一般自簧条内侧开始,这是因为弹簧受扭转与剪切的最大合成应力产生于簧条截面内侧边缘。此外,当弹簧受冲击载荷作用时,支持圈及其附近又首当其冲,这些情况都使此处最易发生折损。

圆弹簧裂纹和折损的原因,一方面是因为运用中所受的冲击过大,超出了弹簧的负荷能力;另一方面是由于在弹簧制造或修理时工艺上的缺陷,如淬火回火时温度规范不合要求,或钢组织不均匀,硬度不一致引起局部应力集中等所致;另外,在检修和更换弹簧时,过多地使用锤击造成伤痕也是一个重要原因。

2. 衰弱

圆弹簧经过长期使用,特别是经过多次修理之后,弹簧易产生自由高降低的现象称为弹簧衰弱。

弹簧的衰弱即弹簧的自由高或荷重高降低,是弹簧经常发生的另一种损伤。弹簧衰弱的主要原因有:

(1)由于在长期使用中,弹簧承受超载和偏载,负荷过大。

(2)因弹簧腐蚀、磨耗后截面积缩小,使工作应力升高。

(3)由于多次修理进行加热,造成弹簧表面氧化和严重脱碳,从而降低了弹簧材质的强度极限。

个别弹簧衰弱能引起车体倾斜和弹簧承担的载荷不均匀,从而进一步导致弹簧衰弱,弹簧衰弱严重时起不到应有的缓和冲击作用。

3. 腐蚀及磨耗

圆弹簧的腐蚀主要表现在簧条直径的减小。产生腐蚀的主要原因是氧化腐蚀;此外,由于弹簧在多次修理时因加热致使弹簧表面产生氧化皮脱落也易造成腐蚀。弹簧的腐蚀,不仅使弹簧的截面积减小，而且腐蚀处会引起应力集中，成为裂损的因素。

圆弹簧的磨耗主要发生在弹簧上、下两端支撑面处，这主要是由于弹簧在载荷作用下发生转动摩擦所造成的。

（三）液压减振器

液压减振器常见的故障有泄漏、锈蚀和性能不良。

1. 泄漏

由于液压减振器工作时，缸筒内油压可达 250kN/m，若缸端密封部的橡胶密封圈有损坏、老化变质、组装时状态不良或密封盖不紧密均能引起工作油泄漏。漏油不但污染环境，而且当油量不足时，液压减振器会失去作用，故密封性能是检修工作中的重要项目。必要时，应更换损坏的密封件。

2. 锈蚀

液压减振器位于车体下部，很容易受污水等腐蚀。防护套锈穿后会失去保护活塞及其他零件的作用；两端连接螺栓锈蚀则会造成拆装困难。

3. 性能不良

液压减振器的主要性能指标是阻尼系数。经过长期使用后，液压减振器阻尼系数的大小会发生变化，超出规定的范围时，液压减振器就起不到良好的减震作用。

液压减振器阻尼系数发生变化的原因有：内部零件如活塞、活塞环、缸筒等磨损；磨损下的微粒及侵入的尘土使油液污染变质。所以，液压减振器每年都要在专用试验台上进行性能试验，不合格的液压减振器应及时修理或更换。其试验方法和性能指标，要严格按照有关规定执行。

四、驱动机构常见故障分析

（一）车轴齿轮箱

车轴齿轮箱是驱动轮对转动的重要装置，在运用中承受较大的作用力和扭矩。车轴齿轮箱的技术状态，直接影响到车辆的行车安全。

车轴齿轮箱的损伤形式主要有箱体裂损，齿轮裂损，齿轮箱过热，挂、脱挡机构工作不正常等。

1. 箱体裂损

车轴齿轮箱的箱体是铸钢件，由于铸造质量不良存在夹渣、砂眼、疏松等缺陷，以及铸造时产生的内应力，在齿轮箱运用中易引起裂纹和破损。齿轮箱箱体裂损后将造成漏油或尘土侵入。

2. 齿轮裂损

车轴齿轮箱内的齿轮在工作中除承受很大的作用力外，还经受因轮对跳动而产生的冲击作用，特别是牵引主动齿轮和从动齿轮的工作负荷更大。齿轮裂损是齿轮损坏的主要形式，运用情况表明，大、小齿轮的损坏，约有 90% 是由于疲劳裂损引起的，而仅有 10% 是属于极限磨损引起，并且齿轮的裂纹一般都产生于齿根部。

3. 齿轮箱过热

车轴齿轮箱在运用过程中，由于润滑不良和滚动轴承的损伤，将引起齿轮箱温度上升。

当齿轮箱轴承部温度超过环境温度45℃时,就判为齿轮箱过热,需开箱检查。

4. 挂、脱挡机构工作不正常

若挂、脱挡机构工作不正常,不仅不能实现运行速度的转换,而且有可能使啮合齿轮咬合、折损,齿轮箱发生损伤,不能正常工作。

发生挂、脱挡机构工作不正常的主要原因有组成零部件发生裂损、变形、弹性衰弱。

(二)传动轴

万向传动轴传递较大的动力扭矩,其损伤形式主要有裂损、变形等。

1. 裂损

由于传动轴所受动载荷的作用,产生的应力较大,致使传动轴易于产生裂纹,甚至折断。

产生传动轴裂损的主要原因有:

(1)连接焊缝处,因焊接热应力产生裂纹。

(2)花键轴、花键套的材质不良,引起传动轴折断。

(3)所受扭矩过大。

(4)传动轴安装位置不合适。

(5)传动轴不平衡过大等。

2. 弯曲变形

传动轴受力较大,易产生弯曲变形,从而引起传动轴转动时的不平衡跳动,传动不平稳,噪声增大。

转向架的日检

转向架包括轮对、轴箱、轴箱拉杆、构架、一系悬挂和二系悬挂、中央牵引装置、齿轮箱及其悬挂、联轴节、抗侧滚扭杆、液压减振器和高度调节阀。转向架各部件的检查十分重要,关系到地铁列车运营的安全性。

(1)轮对的日检。检查内容包括:检查车轴和踏面;检查车轮注油孔螺堵,应无丢失。

(2)轴箱的日检。检查内容包括:检查外盖螺栓、油脂及其渗漏情况,应无松动、无渗漏;检查轴箱止挡,应正常。

(3)轴箱拉杆的日检。主要检查拉杆、端部螺栓及开口销,要求无变形、无松动、无丢失。

(4)构架的日检。主要检查构架内外侧、牵引电动机悬挂座和牵引拉杆座,要求无裂纹、无锈蚀、无冲击损伤,附件完好。

(5)一系悬挂的日检。主要检查橡胶件及簧座,应无明显裂纹、变形。

(6)二系悬挂的日检。主要检查空气簧及紧固件,要求无漏气、无松动。

(7)中央牵引装置的日检。检查内容主要包括:检查牵引拉杆及所有附件,应无松动,损坏;检查中心销槽形螺母及开口销;检查中心盘与中心销套筒之间的距离应在标准允许范围内;检查车架保护螺栓与下心盘上部的距离应在标准允许范围内;检查横向止挡缓冲橡胶,要求无缺损。

(8)齿轮箱及其悬柱的日检。检查内容主要包括:检查齿轮箱外观及其所有附件;要求无明显漏油、松动;检查齿轮箱与悬挂装置联结螺栓,要求防松标记无错位。

(9)联轴节的日检。主要检查联轴节,要求无损坏、无漏油、螺栓无松动。

(10)抗侧滚扭杆的日检。主要检查抗侧滚扭杆松紧螺套紧固螺母,要求防松标记无错位。

(11)液压减振器的日检。检查内容主要包括:检查紧固件及漏油情况;应无松动、无漏油;检查连接套筒,应无损坏。

(12)高度调节阀的日检。检查内容主要包括:检查高度调节阀,要求完好,无松动、无损伤;检查高度调节阀联动装置,要求完好、无损伤;检查高度调节杆应垂直,不准倾斜。

项目知识小结

本项目主要学习了转向架的作用、组成及转向架常见故障分析。转向架主要由轮对轴箱装置、弹性悬挂装置、构架、制动装置、驱动装置、转向架中心牵引装置等组成。转向架的组成分类方式包括轴数和类型、轴箱定位方式、悬挂方式、摇枕弹簧的横向跨度、车体与转向架之间的载荷的传递方式进行分类。

转向架结构复杂,部件繁多,故其出现故障情形较为复杂。转向架常见故障主要包括轮对踏面处擦伤剥离、构架裂纹变形、弹簧悬挂装置故障、驱动装置异常等。转向架的日常故障检查主要依靠目测、耳听、手触、鼻闻等基本方式进行判断。

通过本项目的学习,要求学生对常见故障的原因、危害及处理方法有一定的认识。

项目达标检测

一、填空题

1. 转向架的作用,可以保证车辆运行安全,灵活的沿直线线路运行和(　　)。

2. 城市轨道交通车辆转向架可以分为动车转向架和(　　)。

3. 转向架主要由(　　)、(　　)、构架、制动装置、(　　)、转向架中心牵引装置等组成。

4. 上海地铁 SMC 型转向架一系采用(　　);二系采用(　　)。

5. 车轴的损伤主要有车轴裂纹、(　　)、(　　)等。

6. 车轮的磨耗深度不能超过(　　)。

7. 圆弹簧的裂纹一般自簧条(　　)开始。

8. 液压减振器(　　)超出规定的范围,会造成液压减振器起不到良好的减震作用。

二、简答题

1. 简述转向架的轴箱定位方式。

2. 造成踏面剥离现象的原因是什么?

3. 分析金属螺旋弹簧的主要故障及产生原因。

4. 在检查过程中发现液压减振器不能正常工作,请分析可能造成其不能正常工作的原因。

项目六　城市轨道交通车辆制动系统故障分析与处理

学习目标

1. 掌握制动方式及其特点。
2. 认知 EP2002 制动系统。
3. 掌握供风系统常见故障及其原因。
4. 分析制动系统电器故障，掌握其处理方式。
5. 了解 EP2002 系统常见故障。

城市轨道交通车辆制动系统是保证列车安全运行的重要组成部分，制动系统的安全性直接影响着列车的运营安全性和稳定性。制动系统的安全维护以及故障处理至关重要，通过本项目的学习，要求学生掌握制动系统常见故障，能够对出现的故障进行分析，从而作出正确的处理。

任务一　认识制动系统

任务案例

1. 图 6-1-1 中转向架使用的制动方式是哪种制动方式？制动方式有哪些形式？

图 6-1-1　转向架

2. 城市轨道交通车辆制动系统认知（在多媒体课件展示或在城市轨道交通车辆综合实训模拟仿真实训室练习）。

任务分析

列车制动方式按照动能转移的方式可以分为摩擦制动和动力制动，摩擦制动主要包括闸瓦制动和盘形制动；动力制动主要包括再生制动和电阻制动。按照制动力获取方式分类，可以分为黏着制动和非黏着制动。本任务要求学生掌握制动方式的分类及工作原理，理解制动系统的作用及组成。首先通过多媒体课件认识制动系统，然后再通过实训室仿真模拟系统掌握制动方式的分类及工作原理。

任务实施

1. 学习环境。

本任务学习在城市轨道交通车辆专用一体化教室(配备多媒体)、城市轨道交通车辆综合实训室。

2. 学习步骤。

(1)分组讨论，以5～7人为一小组完成工作任务。

①根据任务案例1，分析图中制动方式并说明其工作原理。

②根据任务案例2，组织归纳知识点。

(2)按照表6-1-1整理制订学习工作单。

学习工作单　　表6-1-1

<table>
<tr><td>工作单</td><td colspan="3">制动系统</td></tr>
<tr><td>任务</td><td colspan="3">1. 制动方式分类；
2. 各制动方式工作原理；
3. 制动系统组成</td></tr>
<tr><td>班级</td><td></td><td>姓名</td><td></td></tr>
<tr><td>学习小组</td><td></td><td>工作时间</td><td></td></tr>
<tr><td colspan="4">内容</td></tr>
<tr><td colspan="4"></td></tr>
</table>

(3)小组内互相协助考核学习任务，组内互评；根据其他小组在成果展示活动中的表现及结果进行小组互评。

知识导航

一、制动方式分类

制动方式是指制动力获取方式和制动时列车动能的转移方式。

1. 按照列车动能转移方式分类

地铁车辆制动系统按照动能转移方式，可分为摩擦制动和动力制动。摩擦制动在制动时将动能转换为热能散发至空气中。摩擦制动的控制有液压、涡流和空气等方式，在地铁车辆中一般采用压缩空气控制摩擦制动，即空气控制。动力制动在制动时将动能转换为电能，将电能反馈至接触网、接触轨或者通过车辆其他负载消耗电能，即动力制动又分为再生制动和电阻制动两种形式。

(1)摩擦制动。摩擦制动分为踏面制动、盘形制动和磁轨制动。

①踏面制动。踏面制动又称闸瓦制动，是最常用的一种制动方式。制动时闸瓦紧压车轮，轮、瓦之间发生摩擦，将列车运动动能通过轮对和闸瓦的摩擦转变为热能逸散于大气中。按闸瓦的安装方式，分为单侧闸瓦制动和双侧闸瓦制动。单侧闸瓦制动如图 6-1-2a）所示，构造简单，适用于速度不高、载重不大的车辆；双侧闸瓦制动如图 6-1-2b）所示，结构比较复杂，比单侧闸瓦制动效果好，闸瓦摩擦量小，对缩短制动距离，提高运行速度都非常有利。

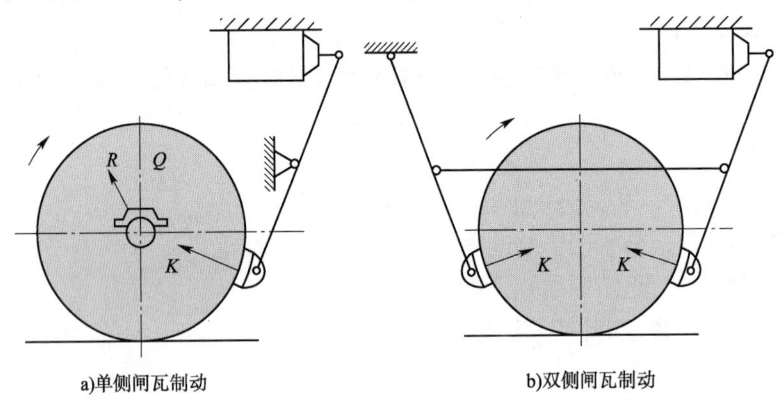

图 6-1-2　单侧闸瓦、双侧闸瓦制动示意图

②盘形制动。根据制动盘的位置，分为轴盘式和轮盘式，如图 6-1-3 所示。非动力转向架一般采用轴盘式；当动力转向架轮对中间由于牵引电动机等设备使制动盘安装发生困难时，可采用轮盘式。制动时，制动缸通过制动夹钳使闸片夹紧制动盘，闸片与制动盘之间发生摩擦，把列车的动能转变为热能，热能通过制动盘和闸片逸散于大气中。制动盘可以分为单面盘和双面盘。

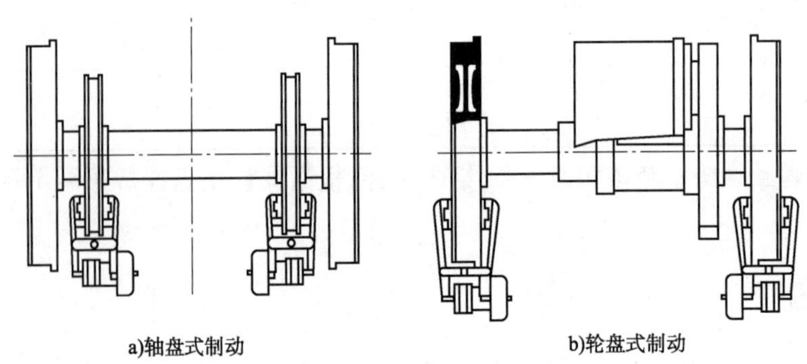

图 6-1-3　盘式制动示意图

③磁轨制动。磁轨制动也叫轨道电磁制动，如图 6-1-4 所示。磁轨制动是将安装在转向架两轮对之间轨面上方的电磁铁放下至轨面励磁，使装有磨耗板的电磁铁以一定的吸力吸附在钢轨上并滑行，靠磨耗板与轨面之间的摩擦转移能量以达到制动的目的。目前，磁轨制动主要作为一种辅助制动方式用于高速类车辆的紧急制动。

（2）动力制动。动力制动是在制动时，将牵引电动机变为发电机，使列车动能转化为电能。动力制动分为电阻制动和再生制动。

①电阻制动。将发电机发出的电能送到电阻器中，使电阻发热，即将电能转变为热能，电阻器上的热能靠风扇强迫通风或走行风散于大气中。电阻制动一般能提供较稳定的制动

力，但车辆底架下需要安装体积较大的电阻箱。

②再生制动。把列车的动能通过电动机转化为电能后，再使电能反馈回电网供给其他列车使用。这种方式既节约能源，又减少制动时对环境的污染，并且基本上无能耗。

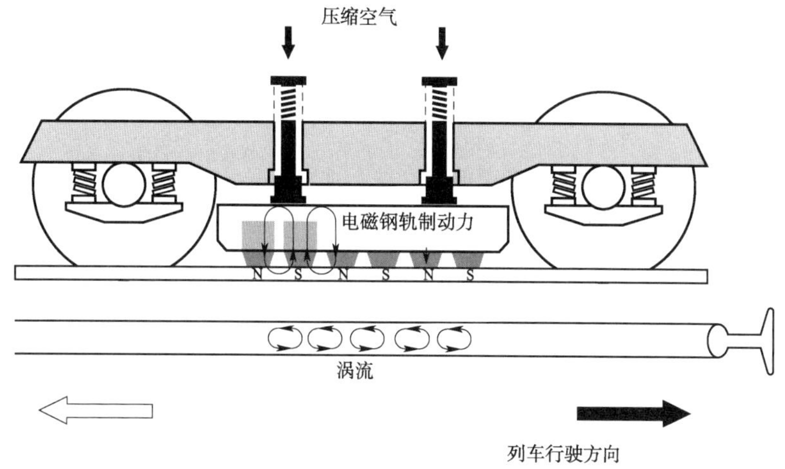

图6-1-4　磁轨制动示意图

2. 按制动力获取方式分类

城市轨道交通车辆制动系统按制动力获取方式，可以分为黏着制动和非黏着制动。黏着制动在制动时，其制动力的大小受到黏着力的限制，在前面介绍的制动方式中，闸瓦制动、盘形制动、再生制动和电阻制动均属于黏着制动。非黏着制动在制动时其制动力的大小不受黏着力的限制，是属于轮轨关系外的一种制动力，因而可以获得较大制动力。磁轨制动就属于非黏着制动。

二、地铁车辆制动系统特点

(1) 地铁的站间距离比较短，列车的调速及停车比较频繁，故地铁车辆制动系统具有操作灵活、运用快速、停车平稳、准确和制动力大等特点。

(2) 电制动和空气制动配合使用，效率高、能耗少，在整个速度范围内，能充分发挥各种制动方式的作用，适应地铁车辆自动控制而协调配合，以获得最佳的制动性能。

(3) 地铁车辆制动系统具有在各种乘客量的工况下，制动效率基本恒定的性能。

(4) 制动系统保证车组在较长、较陡下坡道上运行时，其制动力不会衰减。

(5) 制动系统具有紧急制动性能。遇到紧急情况时，能使电动车组在规定距离内安全停车。

(6) 地铁车辆在运行过程中发生列车分离、制动系统故障等危及行车安全的事故时，应能自动起紧急制动作用。

典型转向架简介

EP2002 制动系统是德国克诺尔公司生产的轨道车辆制动控制系统，为电气模拟指令式制动控制系统。其核心部件为EP2002阀,负责空气制动系统的控制、监控和车辆控制系统的通信。EP2002制动控制系统与常规制动控制系统的最大区别在于设计思想不同,常规的制动控制系统采用车控式,即一个制动电子控制单元控制同一节车的2个转向架;而EP2002制动控制系统采用架控式新概念,即1个EP2002控制1个转向架,这样当1个EP2002出现故障时,只有1个转向架空气制动时失效,减少了对车辆的影响。由于其与常规制动系统相比,具有相对突出的优点,目前在国内多条新建轨道交通车辆上得到了广泛应用。

EP2002制动系统将制动控制和制动管理电子设备及常用制动(SB)气动阀。紧急制动(EB)气动阀和车轮防滑保护装置(WSP)气动阀都集成到装在各转向架(EP2002网关阀、RIO阀和智能阀)上的机电包中。气动系统可以通过一个中心点向各个EP2002阀门供风或从各处向阀门供风。

EP2002制动系统主要由EP2002阀、制动控制模块及其他辅助部件组成,其中核心部件是3个机电一体化的电磁阀,即网关阀(Gateway Valve)(图6-1-5);智能阀(Smart Valve)(图6-1-6)和远程输入/输出阀(RIO Valve)(图6-1-7)。3个阀分别装在其所控制的转向架上(每个转向架对应一个阀),它们通过一个专用的CAN总线连接在一起。

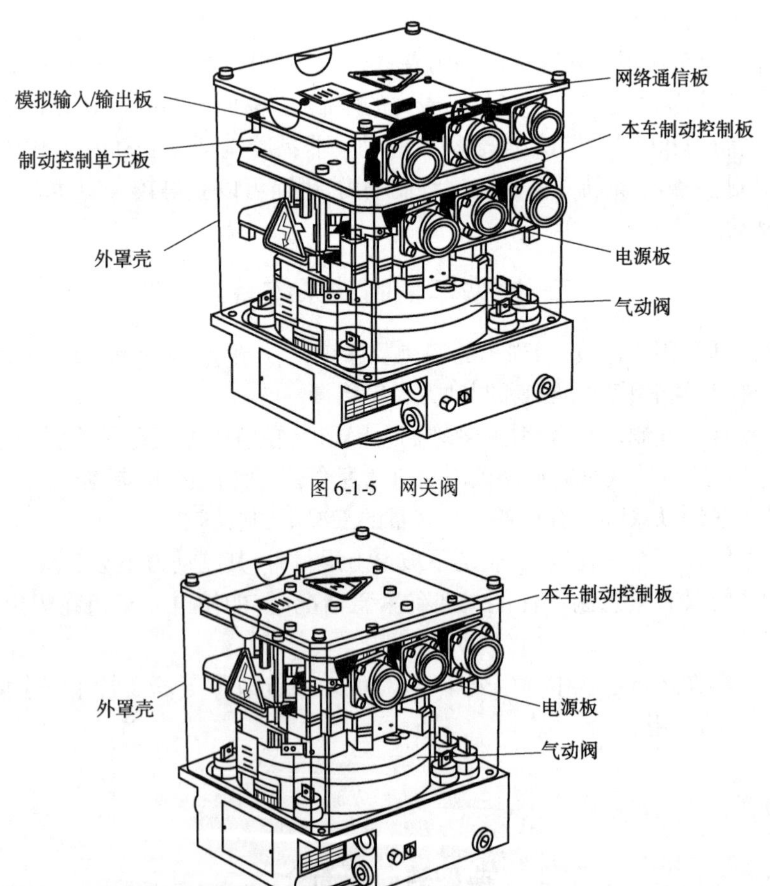

图6-1-5　网关阀

图6-1-6　智能阀

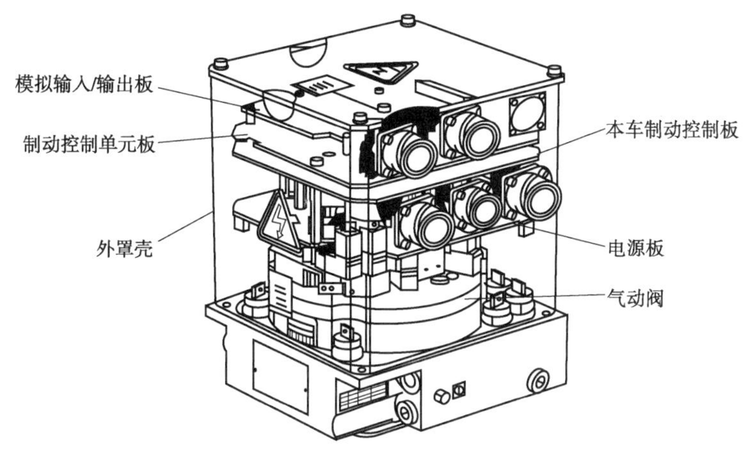

图 6-1-7　远程输入/输出阀

任务二　制动系统常见故障分析与处理

任务案例

1. 制动系统中供风装置出现故障应该如何处理?

2. 基础制动装置出现故障应该如何处理?

任务分析

空气制动系统故障种类较多,影响程度较大,预防性检查工作很重要。为此,运营维修单位要特别重视,尤其对于频发故障、重大故障要彻底查清原因,制定对策,确保运营安全。空气制动系统故障,制动电子控制单元会通过自诊断程序进行判断和记录,并将相关信息进行保存。故障名称会显示在监控显示屏上,我们要做的任务是明确故障类型,按照提示进行操作。

任务实施

1. 学习环境。

本任务学习在城市轨道交通车辆专用一体化教室(配备多媒体)。

2. 学习步骤。

(1)分组讨论,以 5 ~7 人为一小组完成工作任务。

①根据任务案例 1,说出供风装置出现的故障。

②根据任务案例 2,组织归纳知识点。

(2)按照表 6-2-1 整理制订学习工作单。

学习工作单 表6-2-1

<table>
<tr><td>工作单</td><td colspan="3">制动系统常见故障分析与处理</td></tr>
<tr><td>任务</td><td colspan="3">1. 制动系统中供风装置故障处理；
2. 基础制动装置故障分析</td></tr>
<tr><td>班级</td><td></td><td>姓名</td><td></td></tr>
<tr><td>学习小组</td><td></td><td>工作时间</td><td></td></tr>
<tr><td colspan="4">内容</td></tr>
<tr><td colspan="4"></td></tr>
</table>

(3)小组内互相协助考核学习任务，组内互评；根据其他小组在成果展示活动中的表现及结果进行小组互评。

制动系统由风源系统、控制系统、基础制动、空气制动防滑控制装置和空气悬挂控制五部分组成。制动系统的维护与保养是地铁车辆维护保养重要的检查项目，对制动系统的日常状态检查以确保地铁车辆风源正常、制动力正常、各制动功能正常为目的，需对地铁车辆空气压缩机、风道管路、制动单元、闸瓦、测速装置等进行检查。

制动系统常见故障可分为机械故障和电器故障，其中机械故障有空压机故障、空气制动单元故障、各类阀体故障等。电器故障有压力开关故障、电路连接故障等。

一、空压机常见故障分析

1. 空压机振动异常

空压机运行时，有时会听到机械碰撞的声音，这种异音可能是由于空压机的弹性悬挂装置失效或空压机运动部件缺少润滑造成的擦伤声音。空压机相关教学资源见二维码7。

二维码7

2. 空压机润滑油乳化

空压机润滑油产生乳化的原因主要是空压机内所有的支承点、活塞和气缸均采用泼溅式润滑。在每一转中连接杆均被浸入油池一次，以此实现润滑。而气缸中的气体含有部分水蒸气，在工作过程中水蒸气会在高速转动的曲轴作用下混入到机油中。当空压机停止工作后，随着缸内温度降低以及外界潮湿环境影响，润滑油就容易出现乳化现象。

空压机润滑油乳化将造成空压机润滑不良，使运动部件磨损加剧，导致活塞环密封失效，此时空压机油就可能泄漏。另外，由于乳化的机油含水量高，水分在气缸中无法排除，易使气缸及曲轴发生腐蚀，大大缩短空压机的使用寿命，出现空压机工作时发出不正常的噪声。

3. 空压机进/排油孔螺栓滑牙

在换空压机油初期，由于没有规定正确的扭力标准和使用恰当的拆装工具，造成空压机进/排油孔螺堵滑牙。因此，需要更换滑牙的螺堵，同时优化工具，使用专用的拆装工具，可以避免螺栓滑牙的事件发生。

4. 空气干燥单元的双塞阀故障

空气干燥单元的双塞阀常见故障表现为TMS MMI显示屏上显示空压机故障(或空压机红闪),重启后,列车故障仍然存在,且列车总风压力表显示总风管压力长时间达不到9bar(停机压力),同时空气干燥单元干燥器工作时,排流口持续排气。其原因是流入的未干燥空气由于双塞阀的故障,在流经双塞阀时,部分空气由排流口直接流出,造成持续排气的现象。最终检查发现双塞阀内部密封圈损坏所致。

5. 空压机状态无法正常显示

空压机正常工作时,在驾驶室TMS MMI显示屏上不显示其工作状态。空压机能够正常起动工作,表示其控制和执行电源回路没有问题,问题可能出在制动系统工作信号传输上。借助制动系统故障读取软件来进行分析,检查空压机运转信号是否已由制动控制装置发出,进而查找TMS和制动控制装置之间是否出现传输问题。

二、空气制动单元故障

空气制动系统漏风是常见、多发的问题。有些泄漏在安静的环境下可以听到,但有些微小的泄漏则需要用工具来检测。通常的做法是调配一些稀释的肥皂水,用毛刷蘸少许肥皂水涂在各处管路螺纹连接处,一处一处排查找漏。找到漏点后,紧固泄漏处管路螺纹连接处的螺母,再用肥皂水检查泄漏情况。如仍出现泄漏,排完相近容器与管路中的压缩空气,松开螺纹连接,在螺纹前3~5个螺距部分涂上管螺纹密封胶(乐泰572),再进行紧固,如泄漏现象消失,恢复各塞门。特别注意的是,在用肥皂水排查各管路连接处的同时,凡擦拭肥皂水处,检查完后,用干抹布擦净肥皂水残留液。

三、制动系统常见故障分析

1. 空压机状态无法正常显示

空压机正常工作时,在驾驶室TMS、MMI显示屏上不显示其工作状态。空压机能够正常起动工作,表示其控制和执行电源回路没有问题,问题可能出在制动系统工作信号传输上。借助制动系统故障读取软件来进行分析,检查空压机运转信号是否已由制动控制装置发出,进而查找TMS和制动控制装置之间是否出现传输问题。

2. 压力开关失效

列车正常运营时,如发生压力开关失效将会导致清客、救援等情况出现,因此压力开关故障对运营影响很大,一般需要定期进行压力核对检查。压力开关根据使用环境的不同,设定了不同的压力上、下限值,通过内部微动开关的动作来实现压力信号转换为电信号。故障表现为到了规定的压力,压力开关触点不闭合、接触不良或闭合后不能正常断开的现象。经分析,主要是由于压力开关内部微动开关的触点严重氧化导致接触不良或触点电流过大烧结在一起导致触点不能分断的情况。

3. 单车制动不缓解

将司机控制器主控手柄置于牵引位后列车无牵引力、制动不缓解指示灯亮、TMS MMI报“单车制动不缓解”,MMI的BC压力显示某节车未缓解或降不到规定的压力值。在没有紧急制动作用，且没有常用制动作用和 ATP 制动作用时，主控手柄置于牵引位，如果经过 5s 后制动缸压力还未降至规定压力，制动电子控制单元就判断为发生了制动不缓解，向监控装置传送不缓解信号的同时，车侧缓解不良灯亮，列车牵引力被切除。该故障主要发生在正线运营中，司机通过应急操作列车上的“强迫缓解”按钮，可以缓解制动不缓的车辆，列车继续运营。故障原因一般为列车制动控制单元或制动控制阀件故障引起。

4. EBCU(电子制动控制单元)主故障

遇到 TMS 报 EBCU 主故障时，首先要翻看故障记录，确定发生的车号、时间、故障等级、频率以及是否恢复等信息。通过下载故障数据进一步分析，必要时更换制动控制单元。

5. 列车紧急制动不缓解

列车以“故障安全”为原则进行系统设计。因此，紧急回路采用得电缓解、失电制动的形式。当紧急制动回路断开时，所有车辆的牵引将被封锁。紧急制动由空气制动系统根据车重独自承担，并且具有 0 速联锁功能，防止在紧急制动期间出现意外。触发紧急制动的主要原因有以下几个方面：

(1)触发司机控制器中的警惕装置。

(2)按下驾驶室控制台上的紧急制动按钮。

(3)列车脱钩。

(4)总风欠压。

(5)紧急制动电气列车线环路中断或失电。

(6)DC110V 控制电源失电。

(7)ATO(列车自动驾驶)系统发出紧急制动指令。

(8)ATP(列车自动保护)系统发出紧急制动指令。

(9)当列车运行时，如方向手柄拉至“0”位，则列车产生紧急制动。

6. 防滑功能失效

常用的制动系统有两种方法进行防滑控制：一种是减速度检测；另一种是速度差检测，其任意一种方法检测到滑行时，制动系统都会实施防滑控制。列车防滑功能失效会造成滑行时轮对擦伤、损伤轨面等，一般是由于制动控制单元或防滑速度传感器故障导致。

四、EP2002 制动系统常见故障分析

1. EP2002 工作原理

EP2002 工作原理气路图如图 6-2-1 所示。制动供气风缸(BSR)压力进入气动阀单元(PVU)，并被分为两条单独的线。第一条较粗的线将空气供应给一次调节阶段。此阶段主要为中继阀根据控制压力将 BSR 压力下调到一个中间压力。该控制压力来自 BSR 的第二条线，并在称重电子装置硬件的控制之下经过了一套 EP 阀的调节。控制压力通过二次调节器而被限制在一定的数值以内。该数值即是能够在一次调节器输出情况下提供满载紧急制动压力的数值。这就保证了制动缸不会供给一个大于满载紧急制动压力值。

压力空气经过一次调节器后，分别供给轴 1 和轴 2。每路供气都通过常用制动/WSP EP 阀(SB/WSP EP 阀)，之后进入制动缸。在紧急制动情况下，这些 EP 阀处于非起动状态，使得一次调节器输出阶段中提供的 EB 压力具有一个无限制的路径。这些阀门的状态采用电

子硬件连续监视,防止过度的 WSP 保持或放气操作影响 EB 的性能。每根轴通过链接 EP 阀实现气路连接,而链接 EP 阀通常对紧急制动和常用制动气流都是敞开的。当一根轴的 EP 阀失灵时,此阀使得两根轴的制动缸由一根轴的气源供气。所有的 EP 阀都是由控制电子装置控制的。

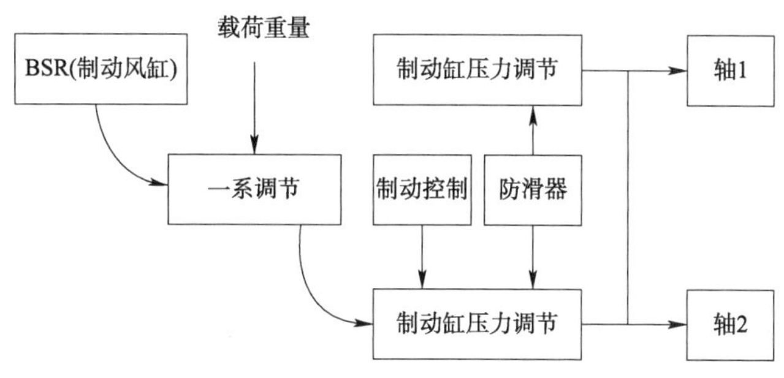

图 6-2-1　EP2002 工作原理气路图

2. EP2002 故障检测

每个 EP2002 阀都会将自己的健康状态分为 0、1、2、3、4 五个等级,然后通过 CAN 总线向主先导阀报告:

0—设备健康(未检测到故障);

1—致命故障(设备无法保持在预设状态,如制动或缓解);

2—工作降级(设备工作性能降低);

3—维护警告(设备可以工作,但是要求在下一个维护时机进行维护);

4—未定义维护状态(状态需进行评估)。

这些 EP2002 阀的状态警告对于车辆运行的影响由于应用情况的不同而有所变化。

EP2002 先导阀配置为可以使用阀健康状态指示信息来决定向司机/维护人员显示的系统健康状态指示。建议系统状态指示仅限于表 6-2-2 中的内容。

EP2002 系统状态指示　　表 6-2-2

健康状态名称	含　义	操作人员责任	
		列车司机	维护人员
起动初始化	故障:未检测到制动控制系统故障。 可操作性:制动系统正在进行初始化,目前无法进行操作	列车不应投入运行。只要列车保持静止状态可继续进行列车准备工作	无须进行操作
正常	故障:未检测到制动控制系统故障。 可操作性:制动控制系统完全可操作	无须进行操作	无须进行操作
维护警告	故障:未检测到制动控制系统故障,但是系统检测到需要进行一些预防性的维护或者小的修正性维护。 可操作性:制动控制系统完全可操作	无须进行操作	应在下一个例行维护时检查警告

续上表

健康状态名称	含　义	操作人员责任	
		列车司机	维护人员
降级	故障：发现一个或多个制动控制系统故障。针对这些故障，系统会自动修正系统功能，以保证在性能降低情况下保持最好的功能性。 可操作性：制动控制系统完全可操作	列车司机应该立刻对故障性质进行评估并采取矫正措施。 列车应在服务周期结束（如工作日结束）后停止服务	检查故障并将其作为不影响运行的修正性维护的一部分进行修正
致命	故障：发现一个或多个制动控制系统故障。系统无法独立修复这些故障，而且故障导致系统性能降低至无法接受的程度。 可操作性：制动控制系统无法达到可接受的最低性能等级	列车应立刻转入安全状态（通常也包括停止列车）。 列车司机应该对故障性质进行评估并采取要求的矫正措施（如隔离）。 列车应停止运行而且应在下一站疏散乘客。 列车司机应谨慎地将列车用实际最低速度驶至下一站或等待救援	检查故障并将其作为能够运行（运行故障）的修正性维护的一部分进行修正

巩固拓展

减少和预防车辆制动故障的措施

为了减少和预防车辆制动故障，一般采取以下措施：

(1)加强车辆制动系统的日常检查，在车辆上线运营前，需要进行相关的制动功能进行试验，确认制动塞门位置是否正确。

(2)对出现故障的车辆调取故障记录，结合车辆运行记录进行分析，对可能存在故障隐患的部件进行相关检测，找出故障原因，防止故障扩大。

(3)对大修程车辆（架、大修）的制动系统进行全面检测，包括对含有橡胶件的阀体类部件进行分解检修，更换其内部橡胶件。组装后，在单阀试验台进行试验，对其参数进行调整，试验合格后才能装车。对 BECU 等电子部件在试验台上对其相关性能进行检测，必要时参照其使用说明书调整参数。对于总风欠压开关、空压机起动开关等压力开关在试验台上对其参数进行校对、调整。各部件装车后，要对每节车辆进行单车试验，检测其综合性能。对整组列车进行综合性能测试。在试车线进行制动距离、制动减速度等相关功能进行试验，必要时在正线和信号系统进行综合测试。

(4)日常检查，对制动部件进行有重点的针对性检查。

项目知识小结

制动装置按照制动方式的不同有闸瓦制动、盘形制动、磁轨制动、再生制动、电阻制动等。制动系统包括风源系统、控制系统、基础制动、空气制动防滑控制装置和空气悬挂控制五部分组成。制动系统满足适应城市轨道交通车辆要求。

城市轨道交通车辆制动系统结构复杂,故障种类较多,影响程度较大,预防性检查工作很重要。主要的故障类型包括机械故障和电器故障。本项目主要对空压机常见故障、空气制动单元故障、EP2002常见故障进行分析。常见的制动系统故障有空压机状态无法正常显示、压力开关失效、单车制动不缓解、EBCU(电子制动控制单元)主故障、列车紧急制动不缓解、防滑功能失效等。

通过本项目的学习,对制动系统常见故障有了一定的认识,可以根据故障现象分析故障原因,并进行正确的故障处理。

项目达标检测

一、填空题

1. 列车制动方式的两种分类方法是(　　)和(　　)。

2. 摩擦制动包括(　　)、(　　)、(　　)。

3. 动力制动包括(　　)和(　　)。

4. EP2002阀包括智能阀、(　　)和(　　)。

5. 制动系统包括风源系统、(　　)、(　　)、(　　)、(　　)。

6. 制动系统的故障类型包括(　　)和电器故障。

7. 空压机运行时,出现机械碰撞的声音,这种异音可能是由于空压机的弹性悬挂装置失效或(　　)造成的擦伤声音。

8. 空压机润滑油乳化将造成(　　),使运动部件磨损加剧,此时空压机油就可能泄漏。

9. 制动系统常用的两种防滑控制方法是(　　)、(　　)。

10. 当列车运行时,如果方向手柄拉至"0"位,则列车会产生(　　)。

二、简答题

1. 简述地铁车辆制动系统的特点。

2. 空气制动装置出现泄漏,找出漏点之后应该如何处理?

3. 出现制动不缓解的情况时司机应该如何进行操作?

4. 简述出现紧急制动的原因。

5. EP2002如何进行故障检测?

项目七　城市轨道交通车辆车钩缓冲装置故障分析与处理

学习目标

1. 掌握城市轨道交通车辆车钩的作用及组成。
2. 熟悉城市轨道交通车辆车钩类型。
3. 掌握车辆车钩的产生位置和出现裂纹原因。
4. 熟悉车钩发生分离的原因及解决措施。
5. 能够分析车辆连挂作业时车钩故障类型。

车钩缓冲装置包括车钩和缓冲装置。车钩连接列车中的各车辆并传递力的作用，缓冲装置吸收车辆碰撞时产生的能量并连接车辆间的电路和气路。

学习本项目，学生需掌握车钩缓冲装置故障类型及原因，做好车钩缓冲装置的维护。

任务一　认识车辆车钩缓冲装置

任务案例

二维码 8

1. 图 7-1-1 中车钩属于哪种类型？图 7-1-2 中的装置名称是什么？

2. 城市轨道交通车辆车钩缓冲装置认知（多媒体课件展示或在城市轨道交通车辆综合实训模拟仿真实训室练习）。相关教学资源见二维码 8。

图 7-1-1　车钩缓冲装置

图 7-1-2　贯通道装置

任务分析

二维码 9

车钩、缓冲器（见二维码 9）是车辆连接与起缓冲作用的重要零部件，多用普碳钢或高强度低合金钢制成。通过车钩缓冲装置和贯通道完成列车的相互连接，实现相邻车辆之间的纵向力传递和通道的连接。本任务要求学生熟悉车钩缓冲装置的组成、分类和作用。首先通过多媒体课件认识车钩缓冲装置，然后再通过实训室中车钩模型重点掌握车钩的组成及工作原理。

任务实施

1. 学习环境。

本任务学习在城市轨道交通车辆专用一体化教室（配备多媒体），使用城市轨道交通车辆车钩模型等。

2. 学习步骤。

（1）分组讨论，以5～7人为一组完成工作任务。

①根据任务案例1，认识车钩缓冲装置。

②根据任务案例2，组织归纳知识点。

（2）按照表7-1-1整理制订学习工作单。

学习工作单　　表7-1-1

工作单	车钩缓冲装置		
任务	1. 车钩缓冲装置的作用； 2. 车钩的分类； 3. 缓冲装置及贯通道认知		
班级		姓名	
学习小组		工作时间	
内容			

（3）小组内互相协助考核学习任务，组内互评；根据其他小组在成果展示活动中的表现及结果进行小组互评。

知识导航

城市轨道交通车辆的连接装置主要包括车钩缓冲装置和贯通道装置，通过它们，使列车中车辆间相互连接，实现相邻车辆之间纵向力的传递和贯通道连接。如图7-1-1和图7-1-2所示是城市轨道交通车辆车钩缓冲装置和贯通道的实物图。

车辆缓冲装置用来连接列车中的各车辆，使彼此之间保持一定的距离，并且传递、缓和列车在运行中或在调车作业时所产生的纵向力或冲击力，同时采用高性能缓冲器，满足列车在较高速度下意外碰撞时的巨大冲击能量，同时连接车辆间的电路和气路。

贯通道位于城市轨道交通车辆两车厢的连接处，可适应车厢之间所有可能产生的相对位移，且具有良好的防雨、防风、防尘、隔声、隔热等功能，能使乘客安全、方便地穿行于车厢之间。

一、车钩缓冲装置的作用

车钩缓冲装置是指连接两车辆间或连接两列车间的所有机械、空气和电气装置。传统列车的车端连接装置通常称牵引缓冲装置，由车钩和缓冲器两部分组成，具有连接、牵引、缓冲等作用。

(1)连接作用。将彼此独立的车辆连接成列车，并使之保持一定的距离。

(2)牵引作用。在列车运行过程中能够传递牵引力、制动力或冲击力。

(3)缓冲作用。缓和衰减列车在运行过程中或调车工况时由于牵引力的变化和制动力前后不一致而引起的冲击和振动。

如果上述作用是由同一装置来完成的，那么该装置称为牵引缓冲装置。如果是由不同的装置来承担，则分别称之为牵引连挂装置和缓冲装置。

城市轨道交通车辆的车端连接装置除了具有上述机械功能以外，还必须具有车厢间的密封功能，以及传递压缩空气，电气信号和控制信号等功能。通常情况下，动车组的电气和风管联结器与车钩组成一整体部件，它提供动车组车辆间中低压电气与压缩空气的回路。

二、车钩缓冲装置的分类

车钩有非刚性车钩和刚性车钩之分。

非刚性车钩如图7-1-3a)所示，允许相连的车钩钩体之间有一定的垂向相对位移，即两车钩总轴线存在高差时，两个车钩呈阶梯形状，并且各自保持水平位置。钩体的尾端相当于销接，这就保证了车钩在水平面的位移。

非刚性车钩结构简单，强度高，重量轻，与车体的连接较简单，常用于货车和普通客车。

刚性车钩也称为密接式车钩，如图7-1-3b)所示。它不允许相连的车钩钩体之间有垂向相对位移，而且对前后的间隙要求应限制在很小的范围内。如果两车钩总轴线存在高差时，两车钩处于同一直线上并呈倾斜状态。两钩体的尾端具有完全的销接，这就保证了两连挂车辆之间可以具有相对的平移和角位移，使其适应线路水平面及纵剖面的变化，缓和车体在弹簧上的振动及外界对车辆的作用力。

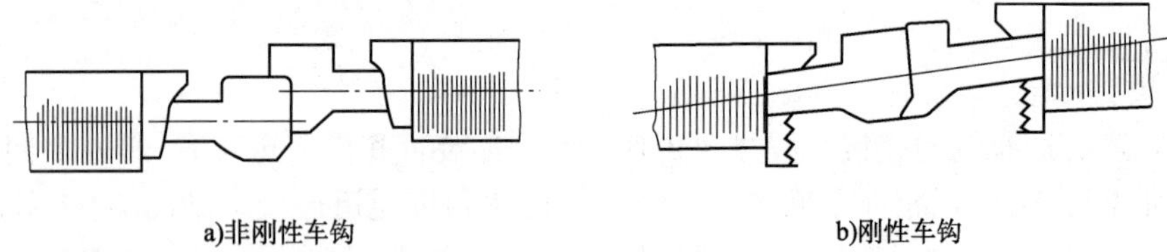

a)非刚性车钩　　b)刚性车钩

图7-1-3　非刚性车钩与刚性车钩

刚性车钩与非刚性车钩相比，有如下优点：

(1)减小了两个车钩连接表面之间的间隙，从而降低了列车间的纵向力，提高了列车运行的平稳性。

(2)由于车钩零件的位移减少了，并且在这些零件上的作用力也减小了，因此改善了自动车钩内部零件的工作条件。

(3)减小了车钩连接表面的磨耗。

(4)减小了连挂车钩时相互冲击而产生的噪声，这对城市轨道交通车辆和客车尤为重要。

(5)由于这些特点决定了刚性车钩主要用于城市轨道交通车辆及高速动车组上,我国地铁车辆及部分快速客车采用了密接式车钩。

按照牵引连接装置的连接方式,城市轨道交通车辆车钩可分为全自动车钩、半自动车钩和半永久性牵引杆三种。全自动车钩可以实现机械、气路和电路的完全自动连挂和解钩。半自动车钩的机械和气路连接机构作用原理基本上与全自动车钩相同,可以实现自动连挂和解钩,或人工解钩,但电路必须靠人工连挂和解钩,以方便检修作业。半永久性牵引杆的机械、气路和电路的连接和解钩都需要人工操作,但一般只在架车作业时才进行分解。

三、缓冲装置的作业和种类

缓冲器是用来缓和列车在运行中由于牵引力的变化或在起动、制动及调车连挂时相互碰撞而引起的纵向冲击和振动。缓冲器有耗散和衰减车辆之间的冲击和振动的功能,从而减轻对车体结构的破坏作用,提高列车运行的平稳性和舒适度。

缓冲器的原理是借助压缩弹性元件来缓和冲击作用力,同时在弹性元件的变形中利用摩擦和阻尼吸收冲击能量。

根据缓冲器的结构特征和工作原理,一般可将缓冲器分为以下几种类型:弹簧式缓冲器、摩擦式缓冲器、橡胶缓冲器、摩擦橡胶式缓冲器、黏弹性橡胶泥缓冲器、液压缓冲器及空气缓冲等。目前应用最广泛的为摩擦式缓冲器和摩擦橡胶式缓冲器,这两种缓冲器具有结构简单、制造方便、成本低的优点。

缓冲器的性能直接影响着列车的牵引总重、运行速度、车辆的载重、编组作业效率、车壳的舒适性、货物的完好性等,涉及铁路运输效能的主要技术经济指标。决定缓冲器性能的参数是缓冲器的行程、最大作用力、容量、初压力及能量吸收率等。

(1)行程。缓冲器受力后产生的最大变形量称为行程,此时弹性元件处于全压缩状态,如再加大外力,变形量也不再增加。

(2)最大作用力。缓冲器产生最大变形量时所对应的作用外力。

(3)容量。缓冲器在全压缩过程中,作用力在其行程上所做的功称为容量。它是衡量缓冲器能量大小的主要指标。如果能量过小,则当冲击力较大时就会使缓冲器全压缩而导致刚性冲击。

(4)初压力。初压力即缓冲器的静预压力,初压力的大小直接影响到列车起动加速度。

(5)能量吸收率。缓冲器在全压缩过程中,有一部分能量被阻尼所消耗,其消耗部分的能量与缓冲器容量之比称为能量吸收率。吸收率越大,则表明缓冲器吸收冲击能量的能力越大,反冲作用就越小;否则,缓冲器必须往复工作好几次方能将冲击能量消耗尽,这将导致车钩、底架过早疲劳损伤,并且加剧列车纵向冲动。一般要求能量吸收率不低于70%。

四、附属装置

1. 风管联结器

风管联结器可分为不带自闭装置的风管联结器和自动开闭式风管联结器。

(1)不带自闭装置的风管联结器。当车钩相互连接时,密接圈互相接触受压,借助于滑套、橡胶套和前弹簧使压力达到70~160N,保证气路开通时不会泄露。在制动主管联结器后端的管路上装有一个截止阀。正常解钩时,首先将截止阀关闭,以防止制动主管排风而产生紧急制动。

(2)自动开闭式风管联结器。该装置具有自动开闭装置,当两车钩相连时,顶杆与密封圈同时受压,密封圈在防止泄露的同时,顶杆压缩阀垫、滑阀和顶杆弹簧,阀垫和滑阀后退,使阀垫与阀体脱开,气路开通。解钩时由于密封圈和顶杆失去压力,在弹簧的作用下,各部分恢复原位,风路断开。

2. 电气联结器

通过悬吊装置使钩体与电气联结器成弹性连接。两车钩连挂时,箱体可退缩3~4mm,靠弹簧压力,保证良好接触;触头焊有银片,以减小电阻。它与箱体成弹性连接,靠弹簧压力保证触头处于可伸缩状态,相互接触良好,保证电流畅通。箱体的一侧有一个定位销,对称侧有定位孔,两钩连挂时定位销插入对应的定位孔,以保证触头的准确连接;密封条是防雨水和灰尘的。解钩时,将盖盖好,以防止触头损坏。箱体内还设有接线板,使触头的引线和从车上来的引入线相连;在它的后部有电线孔,为防止电线磨损,带有塑料套。

电气箱外面装有保护罩,当两钩连接时,电气箱可推出,使其端面高于车钩端面,此时保护罩自动开启;当解钩后,电气箱退回至原位置,保护罩自动关闭。电气箱内的触电和弹性触点,保证电气连接时密接可靠,主要应用于自动车钩上。

3. 车钩对中装置

在缓冲器的尾部下方左右各设有一个对中风缸,它的活塞头部安有一个水平滚轮,当气缸充气活塞向外伸出时,能自动嵌入固定在球铰座下方的一块凸轮板左右的两个缺口内,从而达到使车钩自动对中的目的,也就是使车钩缓冲装置的中心线与车体中心线在一个垂直平面内,以便使一个车钩钩头对准对方的车钩的钩坑。

对中气缸的充气和排气是通过钩头心轴顶部的凸轮来驱动二位五通阀的阀芯,从而使对中气缸进行充气或排气。当车钩处于待挂状态时,对中气缸充气使车钩自动对中;当车钩处于连接状态时,对中气缸处于排气状态,对中接地排气,车钩可自由转动,有利于列车过弯道。

4. 安装吊挂系统

安装吊挂系统的作用是为整个车钩缓冲装置提供安装和支撑,保证列车通过所有平竖曲线所需是各个方向的自由度,保证整套装置在不连挂状态时保持水平,使车钩中心线与车辆中心线重合,以便于连挂。车钩通过该装置可以方便地调整车钩中心线的高度。

Scharfenberg 密接式车钩

Scharfenberg 密接式车钩缓冲装置如图7-1-4所示。它主要由车钩钩头、橡胶缓冲器、风管联结器、电气联结器和风动解钩系统等几部分组成,缓冲器位于钩头后部。车辆连挂时依靠两车钩相邻钩头前端的锥形喇叭口引导彼此精确对中,实现两车钩的紧密连接;同时自动将两车之间的电气线路和空气通路接通。两车分解时，由司机控制解钩电磁阀自动解钩，并且自动切断两车之间的电气线路和空气通路。

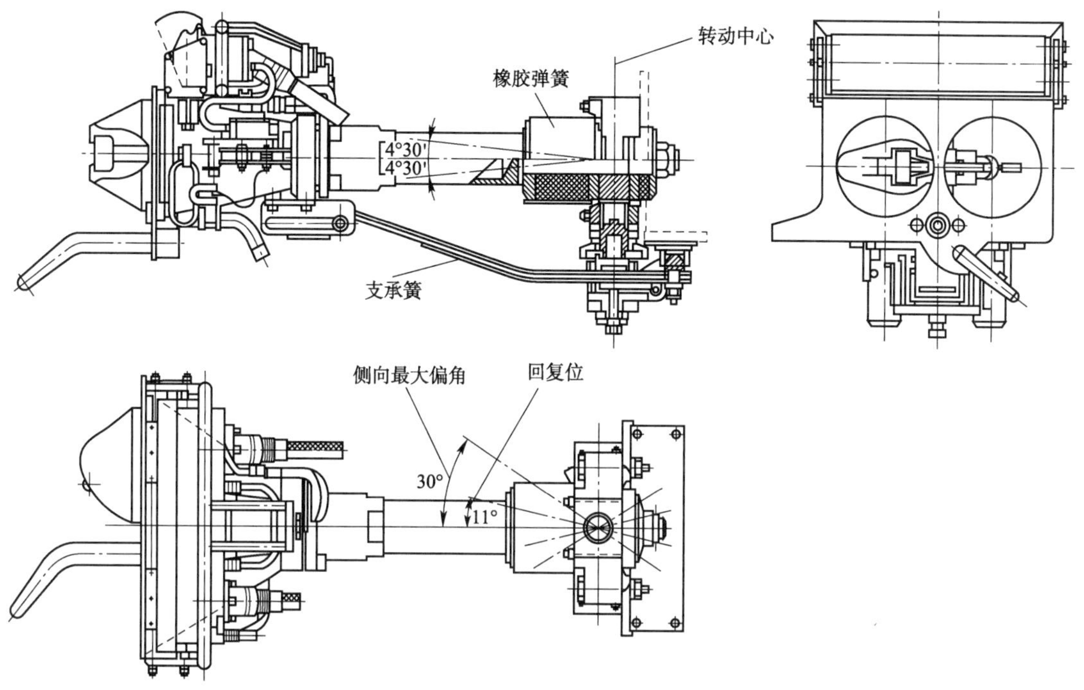

图 7-1-4　Scharfenberg 密接式车钩缓冲装置

在车钩下面，有车钩支撑弹簧支撑，缓冲器尾部通过转动中心轴与车体上的冲击座相连，并可通过橡胶弹簧的弹性变形使缓冲器与转动中心轴的相对转动实现垂直方向的摆动，垂向最大摆角为 4°30′，最大水平摆角可达 30°。

一、车钩结构

车钩主要由钩头壳体、闭锁机构、弹簧和手动解钩装置等部件组成。

钩头壳体为焊接件，它由两部分组成，前端为带有一喇叭口的凸出件，后面为连接法兰。当两钩连接时，前端的锥体和喇叭口用来引导对准。伸出在前面的爪把用来拓展车钩的连接范围。前面的圆孔用来安置空气管路联结器，在钩头壳体中配置有车钩锁闭零件和解钩风缸。借助于钩头壳体后部的法兰，将钩头与牵引缓冲装置连成一体。

车钩的闭锁机构由钩舌和钩锁杆组成，两者通过销子彼此可摆动地相连接。

两个弹簧用来使车钩保持在闭锁位置。弹簧一端钩在壳体的锥体上，另一端钩在钩锁杆上。

手动解钩装置设在钩头的侧面，它由横杆通过两解钩杆与钩舌相连接。在该横杆的端部连有一钢丝绳并与手柄相连，手柄挂在钩头壳体的一侧。

二、作用原理

密接式车钩有待挂位、连挂闭锁位和解钩状态三种作用位置，如图 7-1-5 所示。

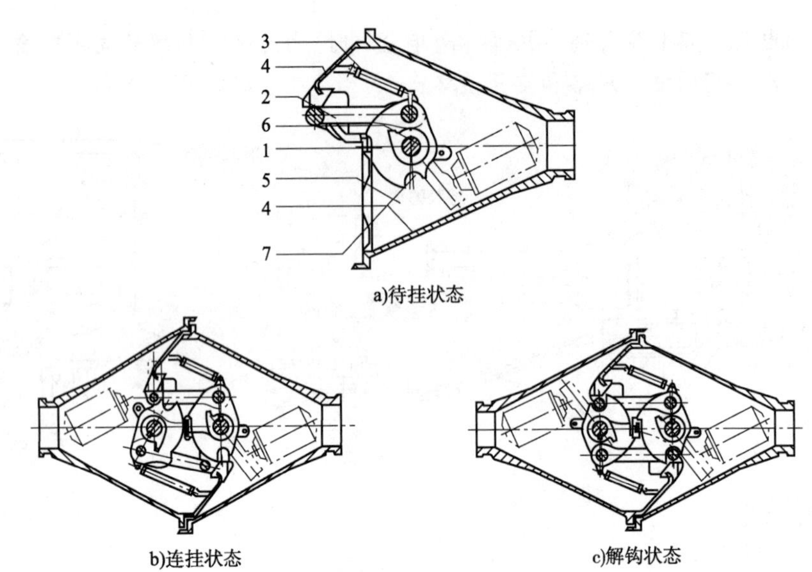

图 7-1-5　密接式车钩作用原理

1-钩舌;2-钩锁杆;3-钩锁弹簧;4-壳体;5-凹锥孔;6-心轴;7-钩嘴

(1)待挂位。这时钩头中的钩锁杆轴线平行于车钩的轴线,钩锁杆的连接销中心与钩舌中心销连接线垂直于车钩的轴线。弹簧处于松弛状态,该位置为车钩连挂准备位。

(2)连挂闭锁位。欲使两钩连挂,原来处于连挂准备位的两钩相互接近并碰撞时,在钩头前端的锥形喇叭口引导下彼此精确对中,两钩向前伸出的钩锁杆由于受到对方钩舌的阻碍,各自推动钩舌顺时针方向转动,直至在弹簧拉力作用下,钩舌杆滑入对方钩舌的嘴中,并推动钩舌绕逆时针方向返回到原来位置为止。这时两钩的钩锁杆与两钩的钩舌构成一平行四边形,力处于平衡状态,两钩刚性的无间隙的彼此连接,处于闭锁状态。在连挂闭锁状态时,钩舌和钩锁杆的位置与连挂准备状态完全相同,钩舌在弹簧作用下力图保持处于闭锁位。当两钩受牵拉时,拉力均匀地分配在有钩锁功能和钩舌组成的平行四边形两对边即钩锁杆上。当两钩冲击时,冲击力由两钩壳体喇叭口凸缘传递。

(3)解钩状态。气动解钩,由司机操纵解钩控制阀达到解钩,这时压力空气经过解钩管冲入钩舌中的解钩风缸中,推动活塞向前运动,压迫在解钩杆上所设置的滚子上,亮钩头中的钩舌被同时推至解钩位置,达到解钩后再排气,风缸中受压弹簧使活塞返回到原始位置;手动解钩,通过拉动钩头一侧的解钩手柄,经钢丝绳、杠杆和解钩杆使两钩的钩舌转动,直至钩锁杆脱出钩舌的嘴口,由此使两钩脱开,处于解钩位置。

欧洲地铁大多采用这种车钩形式,我国上海地铁、广州地铁、深圳地铁等也采用这种形式的车钩。

任务二　车辆车钩缓冲装置故障分析与处理

任务案例

1. 图 7-2-1 中车钩的裂纹分别发生在什么位置?

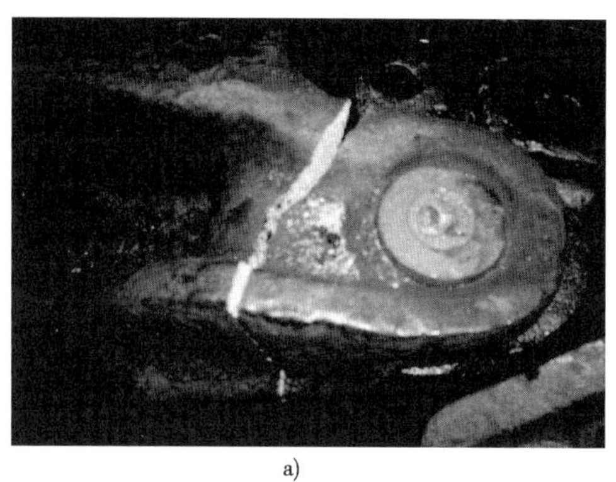
a)

b)

图 7-2-1　车钩裂纹

2. 对车钩故障状态进行分析。

任务分析

车钩装置在运营过程中容易出现裂纹、变形、磨耗等故障，并且会有发生分离事故的倾向，对车钩装置进行日常检查并且掌握其常见故障的原因十分重要。本次任务要求掌握车钩及缓冲装置常见故障并进行故障处理。

任务实施

1. 学习环境。

本任务学习在城市轨道交通车辆专用一体化教室（配备多媒体），使用城市轨道交通车辆车钩模型等。

2. 学习步骤。

（1）分组讨论，以 5 ~ 7 人为一小组完成工作任务。

①根据任务案例 1，分析车钩出现裂纹位置。

②根据任务案例 2，分析车钩常见故障。

（2）按照表 7-2-1 整理制订学习工作单。

学 习 工 作 单　　表 7-2-1

工作单	车钩缓冲装置故障分析与处理		
任务	1. 车钩缓冲装置常见故障分析； 2. 车钩缓冲装置常见故障处理		
班级		姓名	
学习小组		工作时间	
内容			

（3）小组内互相协助考核学习任务，组内互评；根据其他小组在成果展示活动中的表现及结果进行小组互评。

知识导航

车钩缓冲装置故障主要包括车钩常见故障、缓冲器常见故障以及车钩分离故障。

一、车钩常见故障

(一)钩体常见故障

钩体的常见故障有裂纹、变形及磨耗三种。

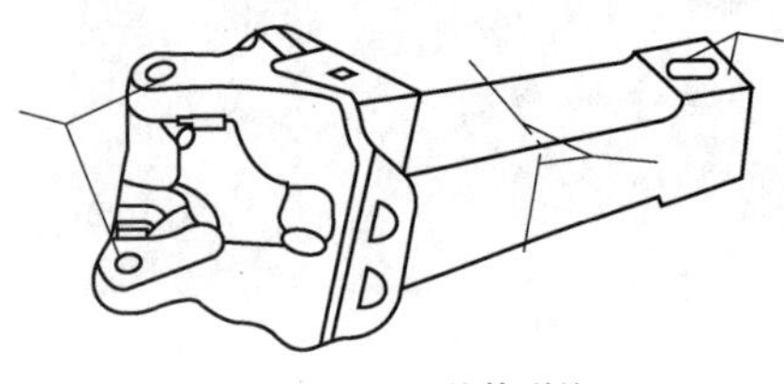

图 7-2-2 钩体裂纹

1. 钩体裂纹

常见的裂纹处如图 7-2-2 所示。

2. 钩体变形

钩体变形的表现主要是钩身弯曲、钩耳变形和钩腕外涨。钩体变形的原因多是由于运行及挂车作业中的过大冲击造成的。钩身弯曲过大时,在运用中将会产生较大的弯矩,容易造成钩舌及钩耳的裂纹。钩腕外涨严重时,即失去了控制对方钩舌的能力,将导致车钩的自动分离。

3. 钩体磨耗

磨耗部位多发生在钩耳孔及钩身与托板的接触处,其次是钩尾端面、侧面、钩锁腔侧壁及钩锁腔内防跳台处。钩体磨耗后,削弱了车钩的强度,而且会影响车钩的作用,如防跳台磨耗后,将会使车钩失去防跳作用。

(二)钩舌常见故障

钩舌的常见故障有裂纹和磨耗两种。

1. 钩舌裂纹

裂纹多发生在钩舌内侧面的上、下弯角处,钩舌销孔、牵引突缘及冲击突缘的根部也经常发生裂纹。

2. 钩舌磨耗

磨耗主要发生在钩舌内侧面上。从检修中发现钩舌下部磨耗量较上部大,多由于钩头下垂所造成,因为钩头自重较大,加上车钩托梁弯曲,使钩头下垂。钩舌内侧面磨耗会使钩舌的强度降低,同时加大了与钩腕内侧的距离。当大于规定限度时,在列车运行中,遇到较大的冲击力和振动,或行驶在曲线半径较小的线路上,由于车辆偏移,钩头摆动,易使对方钩舌滑出,造成列车分离事故。钩舌尾部侧面(与钩锁接触处)及钩舌销孔也常发生磨耗。

(三)钩舌销常见故障

钩舌销在运行中容易产生磨耗、弯曲、裂纹甚至断裂。钩舌销断裂会使车钩作用失灵,容易引起钩舌歪斜以及发生脱钩事故。

(四)钩锁腔内部零件常见故障

钩锁的主要故障是磨耗,磨耗的部位大多数在钩锁与钩舌尾部的接触处。由于钩锁是承受压力的零件,故其裂纹及变形较少。

钩舌推铁的主要故障是变形和磨耗,一般较少发生裂纹。变形的原因是本身刚度小。发生磨耗或变形后,车钩便失去全开作用。

钩锁销的主要故障是防跳台处的磨耗。磨耗严重时,使车钩失去防跳作用。

(五)车钩三态作用不良

车钩三态作用不良多属于车钩内部各零件的磨耗或检修不当所造成的。

1. 闭锁位置作用不良

(1)钩锁不能充分落下。主要原因是钩锁侧面磨耗后,堆焊过多或者钩舌尾部焊修过多,打磨不平所致。

(2)自动开锁。主要原因是防跳部分磨耗,不起防跳作用,振动时造成自动开钩;或因钩锁销反装,造成防跳失效;提钩松余量过小以及马蹄环接触冲击座,运行中的冲击牵动钩锁销引起开锁。

2. 开锁位置作用不良

由于钩锁的各接触面磨耗、钩锁锁脚弯曲、钩头内底壁台阶磨耗等各种因素造成钩锁下降,在开锁时,钩锁因其重心向前面倾转,使钩锁头部易脱出钩锁腔之外而卡住,造成提不起钩锁的现象出现。

有的提起钩锁又自动落下,其原因是钩锁开锁坐锁面磨耗,或钩舌推铁锁座磨耗,或钩舌推铁弯曲,就易使钩锁坐不牢,在开锁位置就自动滑下。

3. 全开位置作用不良

由于钩舌重,钩舌尾部与钩锁腔尺寸配合不良,同时接触面积较大,在全开位置时钩舌回转缓慢。若钩舌推铁两端磨耗过大或者发生过大变形,钩舌销孔与钩耳孔中心偏差过大,提钩链松余量过大,这些也会造成开锁时达不到全开位置。

(六)车钩缓冲装置主要附件常见故障

1. 钩尾框

钩尾框的主要故障是磨耗、弯曲变形和裂纹。裂纹多发生在钩尾框 4 个弯角处及钩尾销孔周围,或在其中部存在铸造缺陷(如气孔、砂眼等)均可产生裂纹。

2. 钩尾销

钩尾销的主要故障是磨耗和弯曲变形。

3. 从板和从板座

从板容易弯曲,在受到过大冲击时,沿其四角处容易产生裂纹或折断。从板座与从板及缓冲器的底部接触,传递很大的外作用力,故易产生裂纹和磨耗。

4. 冲击座和车钩托梁

冲击座的主要故障是裂纹,而车钩托梁的主要故障是变形及磨耗。

5. 钩尾框托板及挡板

钩尾框托板支撑钩尾框、缓冲器等部件的重量,易于产生变形及磨耗等故障。钩尾框挡板也较易发生变形。

6. 车钩提杆及车钩提杆座

车钩提杆的主要故障是产生弯曲变形,而车钩提杆座则易发生磨耗损伤。

二、车钩分离故障分析

车钩分离是车辆惯性事故之一,它对列车运行安全构成了严重威胁。解决这一问题的途径是正确分析事故原因,找出检修工作中存在的问题,加以解决。

(一)车钩分离原因

1. 车钩和钩尾框断裂

车钩、钩尾框产生磨耗、变形、裂纹后,如果检修不到位,将会导致车钩、钩尾框带伤工作,继而造成分离事故。

检修不当的原因主要有:

(1)检修工艺不合理,检修人员操作不当

如钩舌、钩尾框焊修后正火处理未能严格控制温度及保温时间,大多是随炉冷却;有的多次加热,造成过热烧脱碳;对钩体、钩尾框的局部正火处理达不到规定要求等原因,降低了车钩强度。

(2)钩舌和钩尾框的电磁探伤判断失误

①钩尾框锈皮较多,弯角处清除困难,降低了电磁探伤的识别能力。

②探伤设备落后。

③周围环境差,降低了探伤仪的灵敏度。

2. 车钩闭锁位尺寸超限

车钩闭锁位尺寸超限会使车辆在曲线区段运行时,两车钩相互转动而脱开,导致列车分离。车钩闭锁位尺寸超限的主要原因是:

(1)车钩各相关部位变形严重,其中包括钩舌、钩腕的外胀变形,钩舌 S 曲面形状变形,钩耳及孔的上翘及下垂等,这些变形无法调修,所以继续装车后,无法保持车辆在运行中的正确连接状态。

(2)由于牵引突缘磨耗或各部位综合磨耗,使钩舌、钩锁与钩锁腔内壁之间间隙增大,从而使钩舌纵向活动量增大。这种情况下,如果不装钩舌销,测量时,闭锁位尺寸超限;但装入钩舌销再测量,却有相当一部分闭锁位尺寸并不超限。以此装车使用,当遇到运行中的车辆钩舌销折断或弯曲时,会造成闭锁位尺寸突然增大。

(3)各部位磨耗变形后加修不良,如钩舌锁面、钩锁内侧面及钩锁腔内壁磨耗过限时,未按要求均匀堆焊后再加工平整,而只是简单地堆焊面积很小的一块或一行,这些焊层会在车辆运行当中因受冲击或摩擦而脱落,造成闭锁位尺寸突然增大。

3. 车钩防跳失效

车钩防跳失效的主要原因有以下几点。

(1)防跳装置不良,加修不当

①上锁销加修不良,例如,锁销顶部防跳部位施焊过多,或焊后未加工成原形,或用乙炔焊割掉一小块,这样组装后的钩锁防跳作用不良。

②钩舌的钩锁承台处堆焊过高,使钩锁坐落量小于45mm;堆焊面积小,减小了钩锁与钩舌的接触面积;堆焊不均匀,外侧高、内侧低,改变了钩锁正确的坐入位置,这些状况都容易使钩锁上窜,造成车钩分离。

(2)提钩链松余量不足

①提钩链松余量不足,造成上锁销脱离防跳位置。

②提钩链与上锁销相连的圆销开口销过长,由于圆销与钩头上平面距离太小,卷起后的

开口销两脚部仍易支在上锁销孔周围,造成上锁销脱离防跳位置。

③检修质量不高,使缓冲器自由高超限,增大了车钩缓冲装置在列车运行中的纵向移动量,从而减少提钩链松余量。

(二)防止车钩分离措施

防止车钩分离的措施主要从保证检修质量入手,主要有以下措施:

(1)加强对钩舌、钩尾框和钩尾销螺栓的探伤工作,更新探伤设备,改善探伤工作环境,提高探伤质量。

(2)加强质检验收工作,严格控制车钩、钩尾框的热处理温度和保温时间。制订合理的报废年限。

(3)制订钩舌、钩腕外胀变形及上下钩耳变形无法修复时的报废条件,钩舌内侧面焊后加工须保持S曲面形状。

(4)加强对不安装钩舌销时测量闭锁位尺寸的作业程序要求。

(5)严格工艺要求,对钩舌、钩锁、钩锁腔及上锁销等各部位的磨耗,应焊后打磨平整,严格控制上锁销的不良加修。防跳部位焊后加工保持原形。

(6)提钩链与上锁销相连接的圆销开口销改制成短脚的,避免造成提钩链松余量不足。

(7)对下作用式车钩装置应严格控制钩提杆与提杆座凹槽之间间隙不大于2mm,保持钩提杆角度正位,使钩提杆的扁平面在座槽里呈上部向车外方向,下部向车内方向。

巩固拓展

城市轨道交通车辆车钩连挂解钩故障分析及处理

探究深圳地铁车辆运营中车钩缓冲装置存在的连挂解钩故障,分析其故障原因,给出故障处理清单。

一、故 障 现 象

深圳地铁车辆采用福伊特(上海)全自动车钩,它能实现机械、电气、气路的自动连接、解钩功能。在平直轨道上,一列车以小于5km/h的速度开向另一静止的列车就可以实现两列车的自动连挂,也可以通过操纵副驾驶台上的解钩按钮进行自动解钩,操作方便,对列车运营安全起到重要作用。

故障分类如下:

(1)两列车连挂正常,但解钩时在其中一列车操作解钩按钮时解钩正常,在另一列车操作解钩按钮时两列车车钩机械、电气均解不开。

(2)两列车连挂正常,解钩时,在其中一列车操作解钩按钮时解钩正常,在另一列车操作解钩按钮时两列车电气部分不能解开。

(3)两列车连挂正常,解钩时,在一列车操作解钩按钮时解钩正常,在另一列车操作解钩按钮时,本列车电子钩头盒盖不能自动转回或转回缓慢。

二、故障判断及处理

列车解钩风缸在连挂状态和解钩状态时各电磁阀工作原理如图7-2-3和图7-2-4所示。

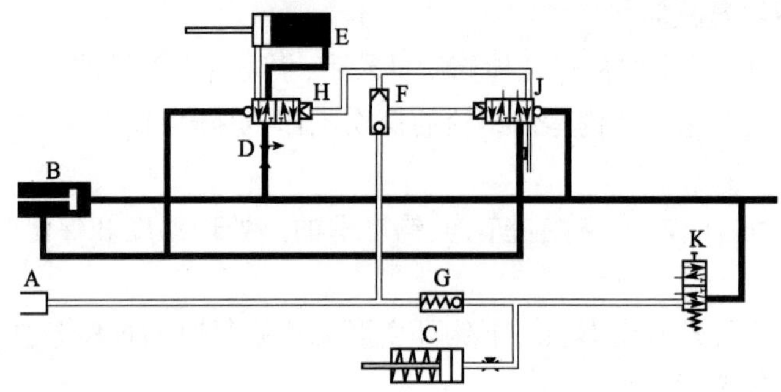

图7-2-3 连挂位置

A-解钩风管连接;B-主风管连接;C-解钩风缸;D-球形塞门;E-电子钩头用风缸;F-双向阀;G-止回阀;H-驱动电子钩头操作装置用方向阀;J-控制解钩操作的方向阀;K-驾驶室内的解钩按钮

注:▭为排风管;■为充风管。

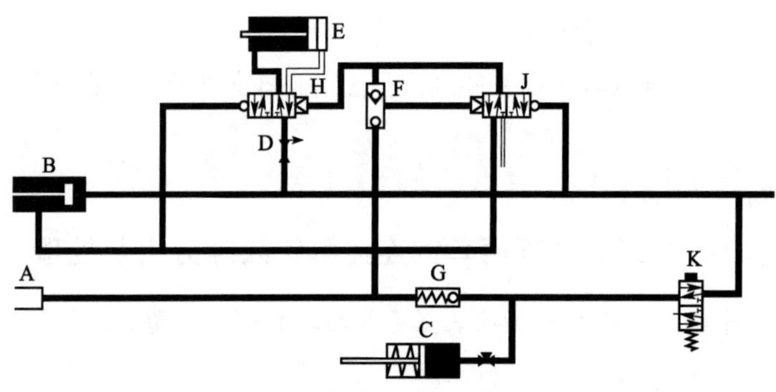

图7-2-4 解钩位置

故障判断及处理方法如下:

(1)按下故障列车解钩按钮,察听主风管连接B及解钩风管连接接口风声,如风声较正常小,且电子钩头盒盖转动缓慢,则查找解钩风管是否漏风。

(2)按下故障列车驾驶室内解钩按钮,检查车钩能否实现机械自动解钩,如不能,则为解钩电磁阀故障,更换解钩电磁阀。

(3)如果两列车连挂正常,解钩时一列车解钩正常,另一列车不能解钩,且副驾驶台下部处有漏气声,则判定有漏气声的列车或能按下本车解钩按钮能实现两列车自动解钩的列车为故障车,检查并更换此故障列车的止回阀。

(4)如果两列车连挂正常,解钩时一列车解钩正常,另一列车解钩后电子钩头盘盖不能立即合上,则电子钩头盒盖不能立即合上的列车为故障车。首先检查球形塞门D是否处于开通位;然后检查方向阀H及J功能是否正常,连挂时检查电子钩头盒盖是否能打开,如电子钩头盒盖能打开,则H功能正常,同时检查J是否有排气声,如J排气孔有排气声,则 J 功能正常;再检查双向阀的功能,松开双向阀与 H 及 J 的管路接口,检查是否有脏堵。

三、解决措施

针对以上车钩解钩故障,建议采取以下措施,以解决或减少车钩解钩故障。

(1)检修人员加强日常检修,及时发现管路泄漏和解钩电磁阀的故障。

(2)在车辆定期检修时,对车钩控制装置的阀类进行重点清洁、检查,防止因为阀类脏堵而导致解钩故障。

(3)列车进行年检作业后,与准备进行年检的列车进行连挂、解钩试验,可以及时了解、检验列车的解钩功能,发理解钩故障可及时处理,防止给列车运营带来不良影响。

(4)对阀类存在易脏堵问题,向制造厂家提出在车钩控制装置阀类(如控制解钩操作的方向阀、驱动电子钩头操作装置用方向阀、双向阀、止回阀)的设计上采用防止脏堵结构的意见,从设计结构上避免频繁发生解钩故障。

项目知识小结

车钩缓冲装置是车辆实现编组连挂及缓和纵向冲击力的重要装置。车钩有两种基本类型:刚性车钩和非刚性车钩。按照车钩连接的自动化程度可以分为非自动车钩和自动车钩。城市轨道交通车辆常采用刚性车钩(密接式车钩),刚性车钩包括自动车钩、半自动车钩和半永久性牵引杆。

车钩缓冲装置出现的故障包括车钩的松动、断裂、变形、磨耗等,还有车钩发生分离以及在连挂作业时出现的故障。通过本项目的学习,掌握车钩缓冲装置故障类型及原因,准确判断车钩故障的发生位置并作出正确处理。

项目达标检测

一、填空题

1. 按照车钩连接的自动化程度可以分为(　　)和(　　)。

2. 城市轨道交通车辆的车钩类型包括(　　)、(　　)和(　　)。

3. 决定缓冲器性能的参数有缓冲器的(　　)、(　　)、(　　)及(　　)。

4. 密接式车钩由(　　　)、橡胶缓冲器、风管联结器、(　　　)和(　　　)等几部分组成。

5. Scharfenberg 密接式车钩有(　　)、连挂闭锁位和(　　)三种作用位置。

6. 钩体的常见故障有(　　　)、(　　)及(　　)。

7. 钩舌销断裂会使车钩作用失灵,容易引起(　　)以及(　　)。

8. 自动开锁属于车钩三态作用不良的(　　)作用不良。

9. 车钩闭锁位尺寸超限会使车辆在曲线区段运行时,两车钩(　　),导致列车分离。

10. 钩体变形的原因多是由于运行及(　　)的过大冲击造成的。

二、简答题

1. 简述刚性车钩相比于非刚性车钩的优点。

2. 简述城市轨道交通车辆的自动车钩、半自动车钩和半永久性牵引杆的特点。
3. 分析 Scharfenberg 密接式车钩的结构及工作原理。
4. 分析车钩钩体常见故障及产生原因。
5. 分析造成车钩三态作用不良的原因。
6. 简述防止车钩分离的措施。

附录一　城市轨道交通车辆故障应急处理

本部分内容主要介绍城市轨道交通车辆设备故障的应急处理,包括车门系统故障应急处理、制动系统故障应急处理、牵引系统故障应急处理、辅助系统故障应急处理和信号系统故障应急处理。列车运行中若发生此类故障,将直接影响列车的运营能力,降低地铁企业的运营水平,因此,能否快速、高效、准确地对各类故障进行应急处理,保证列车完成当天运营,是检验电客车司机的业务能力和技能水平的重要考核项目。各地铁公司在车辆故障应急处理程序或规定上会有所差异,学习者可以参考练习。

城市轨道交通车辆故障应急处理原则如下:

(1)列车发生车辆故障时,司机首先将故障现象汇报给行车调度员,由行车调度员及时通报给检修调度员和驻调司机。

(2)司机按照正确的步骤和方法操作时如出现相关故障,先根据书中的“处理建议”处理。如 MMI 显示屏上出现的故障仅需要点击“确认”键就可以消除,相应设备功能正常,可视为假故障,司机无须处理。

(3)对于本文没有明确的故障,司机直接通过驻调司机向检修调度员请求技术支持。未得到检修调度员技术支持前,司机先凭经验积极处理。驻调司机与检修调度员共同确定故障车司机处理方法是否正确。如处理方式不当,由驻调司机直接介入,提醒司机按正确的方法处理。经过上述处理后,如能动车,按《行车组织通用规则》要求执行,如不能动车,可采用本书中各系统应急处理通用步骤尝试动车。

(4)行车调度员在第 4 分钟和第 7 分钟时向司机简要了解处理情况,同时提醒司机两个时间节点已到。如到了第 7 分钟司机仍未处理好,行车调度员通知司机按调度命令执行。

(5)驻调司机与检修调度员之间优先使用固定电话联系。同时检调处需准备一个 800M 电台,一旦接到车辆故障信息后,及时将电台调至正线行车组并做好监听,同时以备与驻调司机进行联系。

(6)其他技术人员或检修车间班组人员如无特殊情况尽量不要介入,避免占用无线电台或干扰司机正常处理,但可及时添乘列车对司机的操作步骤、检修调度员的技术支持进行提示和安全把控,同时配合司机后续的作业,缩小故障影响时间。

(7)若故障列车需要被救援,需将故障列车所有高速断路器断开,主控制手柄回零位。因受电弓故障造成救援的,需降弓运行。

(8)司机故障处理单项操作时间标准见附表 1-1。

驾驶员故障处理单项操作时间标准　　附表 1-1

序号	项　目	时间(s)	备　注
1	故障信息确认与判断	30	
2	向行车调度员汇报	40	实际变化比较大

续上表

序号	项　　目	时间(s)	备　　注
3	客室广播	10	
4	开关安全门、车门	15	
5	切除一个车门(可拉动/不可拉动)	15/30	
6	切除一个安全门	20	
7	断合主控	45	含断合间隔15s
8	降弓休眠唤醒	210	
9	本驾驶室电气柜操作	25	
10	ATC 柜设备操作	30	
11	二位端低压柜操作	20	BIPS 响应加 90s
12	驾驶室到 A1	10/15/20	1. 近/中/远:运营方向每节车厢第 1、第 3、第 5 个车门,时间为司机通过客室到达时间; 2. 从站台到达 A1,B1,C1,C2,B2,A2 最远端时间为 10,19,27,35,45,55s,安全门处理参照此时间标准
13	驾驶室到 B1	25/30/35	
14	驾驶室到 C1	40/45/50	
15	驾驶室到 C2	55/60/65	
16	驾驶室到 B2	70/75/80	
17	驾驶室到 A2	85/90/95	
18	到另一端驾驶室(客室/站台)	105/58	
19	升弓	15	
20	降弓	10	

一、车门系统故障应急处理

城市轨道交通车辆车门系统在城市轨道运营中有非常重要的作用,车门系统出现故障会直接影响乘客的上下车,进而影响运营过程,车门的故障率一直在车辆各系统中占据较高地位,本任务通过模拟练习,要求熟练掌握客室车门的常见故障的应急处理方法。

1. 列车到站后,单侧车门未正常打开

检查侧墙及司机控制台开门按钮指示灯,若开门指示灯不亮,尝试开门一次,若无效,依次按如下步骤操作,并持续观察开门按钮指示灯,直至开门按钮指示灯点亮后,按压开门按钮尝试开门,若可开门,维持运营。

(1)按下车门允许按钮 PDPB。

(2)断合主控(间隔 5s)。

(3)按下车门允许按钮 PDPB。

(4)断合左侧门释放断路器 DRCB_L,右侧释放断路器 DRCB_R。

(5)按下车门允许按钮 PDPB。

(6)ATP 故障隔离开关 ATPFS 打到隔离位。

(7)断合零速断路器 ZVRCB。

(8)若操作完上述步骤,开门按钮指示灯仍不点亮,断开客室二位端左侧电气柜内车门控制器断路器 DMC1CB_R、DMC2CB_L,操作客室车门紧急解锁装置,清客退出服务。

检查开门按钮指示灯,若开门指示灯亮,依次按如下步骤操作,直至可正常开门,维持运营。

(1)先按关门按钮再按开门按钮。

(2)驾驶室侧墙上按钮无法开门,尝试用驾驶台上按钮开门。

(3)将门模式选择开关 DOMS 打到“OFF”位,重新开门。

(4)断合主控钥匙,重新开门(间隔 5s)。

(5)断合驾驶室右侧电气柜内断路器左侧开门列车线断路器 DOTCB_L、右侧开门列车线断路器 DOTCB_R、零速断路器 ZVRCB 重新开门。

(6)换端尝试开门,若门开,则清客退出服务。

(7)若操作完上述步骤,仍然无法正常开门,操作客室车门紧急解锁装置,清客退出服务。

2. 部分车门无法打开,或者车门状态在 MMI 显示屏显示异常如:显红、显红及多次出现防夹图标等

重新关门,再开门,若故障现象仍然存在,按下述操作步骤:

(1)根据 MMI 指示找到相应车门,确认该门已关闭,用方孔钥匙将车门切除,观察门头指示灯、MMI 显示以确认故障车门已被切除(橙色的锁),继续运营;注意,手动关门后,若黄灯亮,则尝试使用紧急解锁手柄关门;若黄灯仍亮,则确认车门关到位后,切除车门并确认切除到位(红灯亮),试拉时确认车门无缝隙,且不影响动车(小锁、门关好灯亮),则不需要处理黄灯。

(2)单节车出现有规律的夹花开门故障或单节车的全部车门无法打开,司机到故障车客室电器柜内断合车门控制器断路器 DMC1CB_R、DMC2CB_L 重新开门。

(3)单节车有两个及以上门故障,或全列车有 3 个车门及以上、5 个车门以下(包括 5 个)出现故障,将故障门切除后运营到终点站退出服务。全列车有 5 个以上车门故障时联系检修调度员处理。

(4)整列车出现有规律的夹花开门时,断合本端驾驶室的 DRTCB_L、DRTCB_R 重新开门,无效则断合远端驾驶室的 DRTCB_L、DRTCB_R 重新开门,仍无效则继续运营至终点退出服务。

3. 按下侧墙“关门”按钮,单侧列车门未正常关闭

依次按如下步骤操作,直至可正常关门,维持运营:

(1)先按开门按钮再按关门按钮。

(2)按下驾驶台“关门”按钮,重新关门。

(3)将门模式选择开关 DOMS 打到“OFF”位,重新关门。

(4)断合主控钥匙,重新关门(间隔 5s)。

(5)断合左侧关门列车线断路器 DCTCB_L、右侧关门列车线断路器 DCTCB_R,先按开门按钮再按关门按钮关门。

若上述步骤仍然无法关门则清客,清客后通过操作如下步骤之一保证车门关闭后退出

服务：

(1)换端关门。

(2)断合每节车客室电气柜内车门控制器断路器 DMC1CB_R、DMC2CB_L。

4. 按下侧墙“关门”按钮，部分车门未正常关闭

(1)若是因为门防夹功能引起，则重新关一次，关门后继续运营。

(2)单节车出现有规律的夹花关门故障，司机到客室电器柜内检查车门控制器断路器 DMC1CB_R、DMC2CB_L 是否跳开，若跳开恢复，重新关门。

(3)MMI 显示有客室门紧急解锁。根据 MMI 指示找到相应车门，恢复紧急解锁手柄。若此手柄已在水平位置，则切除该车门。

(4)若是单个车门故障无法关门(在 MMI 相应车门显红)，根据 MMI 指示找到相应车门。

①若手动可关门，则把车门关好，用方孔钥匙将车门切除，观察门头红色指示灯、MMI 显示以确认故障车门已被切除(橙色的锁)。

②若手动无法关门，打开侧罩板断开车门电源开关(或使用 DMC1CB_R，DMC2CB_L)，然后把车门手动关好。用方孔钥匙将车门切除，合上车门电源开关(或使用 DMC1CB_R，DMC2CB_L)观察门头红色指示灯、MMI 显示以确认故障车门已被切除(橙色的锁)。

③单节车有两个及以上门故障(全列车有 3 个车门及以上出现故障)，运营到终点站退出服务。

④若无法正常手动关闭，则清客，将 DBPS 车门旁路开关打在隔离位后，按压车门允许按钮两次后，人工限速 35km/h 存往就近存车线。

注：手动关门后若黄灯亮，则尝试使用紧急解锁手柄关门，若黄灯仍亮，则确认车门关到位后，切除车门并确认切除到位(红灯亮)，试拉时确认车门无缝隙，且不影响动车(小锁、门关好灯亮)，则不需要处理黄灯。

5. 车门实际全关门到位，车门关好指示灯不亮

(1)若在车站，重新开/关门一次。

(2)确认 MMI 屏显示所有门关好，若能动车则继续运营。

(3)断合主控钥匙，确认 MMI 屏显示所有门关好，若能动车则继续运营。

(4)若不能动车，断合尾端驾驶室左侧门关门到位断路器 CLCB_L、右侧门关门到位断路器 CLCB_R。

(5)若车门关好，指示灯仍然不亮，DBPS 车门旁路开关打至隔离位，司机确认 MMI 屏上所有门都关好的条件下，每站按压车门允许按钮两次后，继续运营至终点站退出服务。

二、制动系统故障应急处理

列车制动系统的故障会在不同程度上影响运营，快速判断和处理制动系统故障，是电客车司机必备的业务能力。要求学习者掌握制动系统常见故障的判断和分析方法，能按照规定程序对常见故障进行应急处理。

1. 列车运行时施加紧急制动

将主控手柄拉到快速制动位缓解紧急制动。若不能制动则依次操作如下内容，直至紧

急制动可以缓解,在总风风压正常情况下,维持运营:

检查信号显示屏 HMI,若信号显示屏 HMI 有小红手,则按信号故障处理指南执行,逐级降到 RM 模式,每步按正常程序缓紧,若按信号故障处理指南无法消除故障,报行车调度员切除 ATP 以 NRM 模式运行,列车将自动限速 60km/h 运行。若无小红手,则依次按如下步骤执行。

(1)检查主风风压是否正常,若低压(风压≤5.5bar),隔离两端的总风欠压旁路开关 LMRGBS。

(2)检查蘑菇紧急制动按钮是否被按下,若按下则恢复,按正常程序缓解紧急制动。

(3)检查门关好灯,不亮则按车门故障处理,然后按照正常程序缓解紧急制动。

(4)断合主控钥匙后,按照正常程序缓解紧急制动。

(5)检查驾驶室右侧电器柜内紧急制动控制断路器 EBCB,紧急制动列车线断路器 EBTLCB,ZVRCB 若有跳开则恢复,按照正常程序缓解紧急制动。

(6)隔离主控端的总风欠压旁路开关 LMRGBS,按照正常程序缓解紧急制动。

(7)隔离警惕按钮旁路开关 DMPS,按照正常程序缓解紧急制动。

(8)将 ATP 故障隔离开关 ATPFS 打到隔离位(隔离后列车限速 60km/h,司机注意安全驾驶),按照正常程序缓解紧急制动。

(9)隔离从控端的总风欠压旁路开关 LMRGBS,按照正常程序缓解紧急制动。

当上述措施仍然无法缓解紧急制动时,则清客救援。

2.列车可以动车,但所有制动缓解指示灯不亮,灯测试仍不亮

使用灯测试按钮发现所有制动缓解指示灯仍不亮,说明指示灯故障,继续运营。

3.常用制动整列车不缓解(列车起动后,施加常用制动停车)

(1)使用手动驾驶,若能正常动车则正常运营。

(2)断合主控钥匙。

(3)将所有制动旁路开关 ABBS 打到隔离位动车,限速 25km/h 运行到就近车站。

(4)在站断合远端制动状态回路断路器 BSCB,恢复所有制动旁路开关 ABBS,若故障消失,继续运营;否则清客,退出服务。

(5)若列车无法动车,则使用通用步骤,无效则申请救援。

4.个别转向架常用制动不缓解,列车无法动车

(1)若出现由于个别转向架制动不缓解造成出现强迫零位界面,则根据 MMI 制动界面显示的未缓解转向架,通过 B05 隔离相应转向架的制动。

(2)如果隔离转向架数量≤2 个,则运营到终点站退出服务。

(3)隔离转向架数量>2 个,将紧急牵引/救援模式开关 EMTS 打在紧急牵引位,就近车站清客退出服务。

(4)无法动车则使用通用步骤,清客退出服务。

5.停放制动不缓解(绿灯不亮、车辆显示屏显示缓解、灯测试绿灯仍不亮)

使用灯测试按钮发现停放制动缓解指示绿灯仍不亮,说明停放制动缓解指示灯故障,继续运营。

6.停放制动不缓解(绿灯不亮、车辆显示屏显示缓解、灯测试绿灯亮)

(1)使用手动驾驶,若能正常动车则正常运营。

(2)断合主控钥匙。

(3)操作停放制动/缓解按钮。

(4)所有停放制动缓解旁路开关 PBBS 和所有制动旁路开关 ABBS 打到隔离位,限速 25km/h 运行到就近车站。

(5)在站断合远端制动状态回路断路器 APBSCB,恢复停放制动缓解旁路开关 PBBS 和所有制动旁路开关 ABBS,若故障消失,继续运营;否则清客退出服务。

(6)无法动车则使用通用步骤,清客退出服务。

7. 停放制动不缓解(绿灯不亮、车辆显示屏不缓解)

(1)操作停放施加/缓解按钮 PBTPB,看是否能够缓解整列车停放制动,若能缓解,继续运营。

(2)断开停放制动指令回路断路器 PBDCB,看是否能够缓解整列车停放制动,若能缓解,继续运营;若不能缓解,整列车停放制动,则断开远端停放制动指令回路断路器 PBDCB,看是否能够缓解整列车停放制动。

(3)若不能缓解,尽量去车下拉转向架停放制动的拉环,缓解相应停放制动,直至停放制动不能缓解的停放制动单元≤4 个(每根轴有 1 个停放制动单元),将紧急牵引/救援模式开关 EMTS 打在紧急牵引位,将所有停放制动缓解旁路开关 PBBS 和所有制动旁路开关 ABBS 打到隔离位,人工限速 10km/h 运行到就近清客退出服务。无法动车则使用通用步骤,清客退出服务。

8. MMI 制动图标显红故障

(1)如果制动图标显红故障数≤2 个,运行至就近站操作 B05 隔离相应转向架的制动,然后运行至终点站,恢复 B05 后在终点站断合故障车客室电气柜内的相应的 BCE 单元断路器 BCECB,若无法恢复则退出服务。

(2)如果制动图标显红故障数 >2 个,将紧急牵引/救援模式开关 EMTS 打在紧急牵引位,运行到就近车站,断合故障车客室电气柜内的 BCE 单元断路器 BCECB,若无效,操作 B05 隔离相应转向架的制动,清客退出服务。

9. 快速制动无法缓解,列车无法动车

采取如下措施,直至快速制动可以缓解,继续维持运营。

(1)拉到快速制动位后,手柄拉回惰行位。

(2)检查门关好灯,不亮则按照车门故障处理。

①若亮且在站,则重新开关门一次。

②若亮且在区间,则重新断合主控钥匙,无效,则将紧急牵引/救援模式开关 EMTS 打在紧急牵引位,运行到就近车站,恢复 EMTS,重新开关门一次。

(3)若上述措施无效,将紧急牵引/救援模式开关 EMTS 打在紧急牵引位,就近车站清客,退出服务。

(4)仍然无法动车,则使用通用步骤尝试动车。无效,则申请救援。

10. 空压机故障

(1)MMI 上空压机图标显示 1 个空压机故障,继续运行到终点站。

(2)MMI 上空压机图标显示有空压机工作,但风压不能上升。

观察 MMI 屏上两端空压机是否工作,若正常工作且风压回升则继续运营至终点站。若风压仍不上升,则司机注意观察风压,若风压低于 6bar,则将紧急牵引/救援模式开关 EMTS 打在紧急牵引位,就近车站清客,退出服务,存往存车线。

(3)MMI 上空压机图标显示 2 个空压机故障,司机注意观察总风压力,若主风管压力低于 7.0bar 时,按强制泵风按钮 FPAPB,无效,则断合本端断路器 CMCCB,再次按压强制泵风按钮 FPAPB,若本端空压机起动,则运行到终点站,退出服务。

若仍然无效,则司机注意观察风压,若风压低于 7bar,则将紧急牵引/救援模式开关 EMTS 打在紧急牵引位,至就近站台清客后进入就近存车线,退出服务。

(4)若出现总风低压预警,则按上述空压机故障处理。

分析处理制动系统故障时的注意事项及要点总结如下:

为尽快处理故障,列车在发生紧急制动不缓解后,司机可以用排除法,首先排除有表象的故障,并根据当时列车运行状态决定检查顺序:若在列车运行中发生故障,应先检查总风缸压力、车载信号等项目;若在更换驾驶室后发生故障,应先检查各开关位置、司机控制器主手柄、钥匙开关等。

在正常操作列车运行的过程中,应认真观察双针压力表显示,发现问题及早采取措施。当总风缸压力降低时,可以使用强制泵风按钮使空压机打风进行试验,若总风缸压力持续下降或无法恢复到正常值时,应检查列车是否有风压泄露的故障,并及时进行处理;若总风缸压力达到规定值后故障解除,应判断是由总风缸压力不足造成的紧急制动不缓解。

若将车载 ATP 切除后,紧急制动可以缓解,判断为车载 ATP 故障所致。

若短接紧急制动短路开关后,列车紧急制动可以缓解,判断是列车电路上的故障引起的。

故障发生后,若Ⅰ端驾驶室检查无异常,司机应及时与行车调度员联系,派副司机携带相关钥匙及备品到Ⅱ端驾驶室进行检查。

在排查故障的过程中,每做完一项操作后都要查看紧急制动是否缓解,最后将故障现象及处理过程和结果记录在“电动列车运行故障记录单”(附表 1-2)上。

电动列车运行故障记录单　　附表 1-2

1	车号	1001	操纵车号	1#	出库时间	时　分
	司机	李 × ×	副司机	张 × ×	报修时间	
故障现象:						
2	车号		操纵车号		出库时间	时　分
	司机		副司机		报修时间	
故障现象:						
3	车号		操纵车号		出库时间	时　分
	司机		副司机		报修时间	
故障现象:						

三、牵引系统故障应急处理

牵引系统是列车的动力来源,为列车提供所需的牵引力和电制动力。运行中列车的牵引系统若发生故障,将直接影响列车的运营,本任务要求学生通过学习和训练,掌握牵引系统故障的判断和分析方法,按照规定程序处理常见故障。

1. 受电弓故障

(1)受电弓降单弓

维持进站,到站后采取以下措施,直至受电弓双弓均升起,继续正常运营:

①使用受电弓升降弓控制开关 PCS 打到降双弓位,然后重新打在升双弓位,重新升弓一次(等待 10s),如故障消除,则继续运营。

②如故障未消除,断合故障弓所在的 Mp 车客室电器柜受电弓回路断路器 PTCB。

若仍然只有一个弓升起,则将 PCS 打到升正常弓位(司机判断升前弓或后弓),则限速 60km/h,运营至就近站,退出服务。

(2)受电弓降双弓

采取以下措施,直至受电弓双弓均升起,继续正常运营:

①检查驾驶室蘑菇紧急制动按钮是否按下,若按下恢复。

②使用受电弓升降弓控制开关 PCS 打到降双弓位,然后重新打在升双弓位,重新升弓一次(等待 10s),如故障消除,则继续运营。

③尝试使用受电弓升降弓控制开关 PCS 打在升前弓或升后弓位(等待 10s),尝试升单弓,若能升单弓,则运行到就近车站清客,退出服务。

④若无效,断合两节 Mp 车隔离开关断路器 KFCB 尝试升双弓(等待 10s)。

⑤换端在另一个驾驶室升双弓,退出服务。

若上述措施仍然无法升双弓,申请救援。

2. 高速断路器故障

(1)两个高速断路器无法闭合

采取以下措施,直至两个高速断路器均闭合,继续正常运营:

①检查车辆显示屏显示接触网网压状态,若无网压,则检查蘑菇紧急制动按钮是否被按下,若按下则恢复,按正常程序缓解紧急制动后,待辅助逆变器正常工作后闭合高断。

②重新分合高速断路器。

③无效则使用紧急牵引,若高断闭合,则至就近车站清客,退出服务。

④无效则恢复紧急牵引,断合两节 Mp 车 HSCB 断路器 HSCBCB,尝试闭合高断。

⑤无效则换端在另一个驾驶室分合高速断路器,若两个高速断路器无法闭合则申请救援。

(2)一个高速断路器无法闭合

维持进站,在站采取以下措施,直至两个高速断路器均闭合,继续正常运营:

①重新分合高速断路器。

②断合故障 Mp 车客室电器柜中 HSCB 断路器 HSCBCB,牵引逆变器控制断路器 TICB,

尝试闭合高断。

若上述措施后仍然只有一个高速断路器闭合,限速 60km/h,运营至就近站退出服务。

3. 牵引逆变器故障

(1)牵引逆变器轻微或中级故障

一个或多个牵引逆变器图标显黄,可继续运营至终点站分合高速断路器,无效则断合故障车牵引逆变器控制电源断路器 TICB,无论是否修复均可继续运行。

(2)牵引逆变器严重故障

①一个牵引逆变器严重故障,图标显红,继续运行,在站分合高速断路器,无论故障消除与否继续运营。在终点站断合故障车牵引逆变器控制电源断路器 TICB,如故障消除,继续运营,如不能恢复,则退出服务。

②两个牵引逆变器故障,图标显红,在站分合高速断路器,无效则断合故障车牵引逆变器控制电源断路器 TICB,若故障消除,则继续运营;若故障无法消除,重新配置网络(按住 MRPB 直至 MMI 黑屏后松开),如故障消除,继续运营;如不能恢复,限速 60km/h,运营至就近站退出服务。

③超过两个牵引逆变器故障图标:

a. 分合高速断路器,如故障消除,继续运营。

b. 如不能恢复,尝试使用紧急牵引动车至就近站清客,退出服务。

c. 若无法动车则恢复紧急牵引,断合故障车牵引逆变器控制电源断路器 TICB,如故障消除,继续运营;如不能恢复,则申请救援。

4. 推手柄 MMI 显示牵引系统没准备好列车无法动车

(1)检查高速断路器是否闭合、受电弓是否升起、牵引逆变器是否自检完毕、网压是否正常,若上述有一个条件未满足,则按相关章节内容执行。

(2)若上述条件正常,则将紧急牵引/救援模式开关 EMTS 打在紧急牵引位,运行到就近车站清客,退出服务。

(3)无效则使用通用步骤,就近站清客,退出服务。

5. 紧急制动可缓解,推手柄,牵引无效

按如下措施进行,直至可以正常牵引:

(1)检查有无网压。

(2)检查制动界面,是否有停放制动不缓解、快速制动不缓解、牵引制动同时存在故障,若有,则按照相应制动故障条款执行。

(3)检查车门关好灯:

①若不亮,则处理车门故障。

②若亮,操作车门旁路开关 DBPS 至隔离位,若无效,则恢复 DBPS 至正常位。

(4)分合高速断路器。

(5)断合本端 ATC 牵引允许断路器 ATCTRCB。

(6)将 ATP 故障隔离开关 ATPFS 打到隔离位。

(7)将本端总风欠压旁路开关 LMRGBS 到隔离位,看能否动车,能动车,若总风风压正常,则继续运营;若总风风压低于7bar,则按空压机故障章节执行。

(8)若再次操作上述步骤仍无法动车,则将紧急牵引/救援模式开关EMTS打在紧急牵引位,运行到就近车站清客,退出服务。

(9)无效则使用通用步骤,就近站清客,退出服务。

6.其他故障

(1)转动主控钥匙后,列车无法激活

①断合主控钥匙。

②断合CORCB断路器、主控MCCB断路器。

③无效则换端尝试激活驾驶室,若可激活,则在就近站清客,报行车调度员,按令执行。

④无效则救援。

(2)司机控制器出现异常情况(手柄卡滞等)

①在能正常行车时,运行到终点退出服务。

②若不能正常行车,则将紧急牵引/救援模式开关EMTS打到紧急牵引位,运行到就近车站清客,退出服务,若不能动车或不能制动则申请救援。

③若需要换端运行,则断开钥匙卡滞端的MCCB断路器,运行至终点站退出服务。

(3)MMI出现“牵引制动同时存在”

①重新起动ATO继续运营至终点站退出服务。

②若ATO无法起动,尝试手动驾驶。

③无效则使用通用步骤,就近站清客,退出服务。

四、网络故障

1.MMI各系统都显示问号,网络崩溃

(1)长按MVB配置按钮MRPB按钮,等待MMI黑屏后松开,重新配置网络。

(2)将紧急牵引/救援模式开关EMTS打在紧急牵引位,运行到就近站台清客,退出服务。

(3)无效则使用通用步骤。

(4)休眠唤醒列车。

(5)若无效则申请救援。

2.MMI显示某车控制系统严重故障,以下系统信息丢失(门,制动),显示控制系统严重故障

(1)断合相应车的SKS断路器SKSCB1(Tc车在驾驶室左侧设备柜内,Mp车在二位端电气柜内)、中继器断路器RRCB。

(2)若无效,则运行到就近站清客,退出服务。

3.车辆显示屏(MMI)黑屏、蓝屏、花屏、点击无效死机

(1)能动车则运行至就近站,断合隔间柜MMI断路器MMICB、SKS断路器SKSCB1,等待30s,待MMI屏重启完毕,若故障消失,继续运营;若无效,在信号显示屏及各指示灯状态正常的情况下运行到终点站;若信号屏或各指示灯显示异常则向检修调度员申请技

术支持。

(2)无法动车,则尝试紧急牵引动车,运行到就近站清客,退出服务。

(3)仍无效,使用通用步骤。

五、辅助系统故障应急处理

1. 辅助逆变器故障

(1)一个或两个辅助逆变器轻微或者中级故障。运行到终点站后将其对应的辅助变流器断路器 AICB 断合一次,无论故障消除与否继续运营。

(2)一个或两个辅助逆变器严重故障。一个辅助逆变器严重故障,维持运行到终点站后将其对应的辅助变流器断路器 AICB 断合一次,若故障消失,继续运营,否则断开其对应的辅助变流器断路器 AICB 继续运营。

两个辅助逆变器严重故障列车维持进站,将其对应的辅助变流器断路器 AICB 断合一次,若故障消失继续运营,否则运行到终点退出服务。

2. 低压电源 DC/DC 故障

(1)一个或两个 DC/DC 充电机轻微故障继续运营。

(2)一个或两个 DC/DC 充电机中级故障。一个 DC/DC 充电机中级故障,继续运营。两个 DC/DC 充电机中级故障,维持运行到达终点站后,将其对应的辅助变流器断路器 AICB 断合一次,若故障消失,继续运营,否则退出服务。

(3)一个或两个 DC/DC 充电机严重故障。一个 DC/DC 充电机严重故障,继续运营,到达终点站后,检查相应车其对应的辅助变流器断路器 AICB 是否跳闸,若跳闸则复位,无论故障消除与否继续运营。

两个 DC/DC 充电机严重故障,司机通过电压表观察蓄电池电压,当蓄电池电压高于 100V,维持运行到达终点站;若蓄电池电压低于 100V,则在就近站清客,退出服务。

3. 空调系统故障

(1)空调轻微、中级故障。显示屏出现故障信息时,应按“确认”键,如故障消除,继续运营。

(2)空调严重故障。采取如下措施,直至空调正常工作,维持运营:

①如有同一车两个空调单元出现故障时,空调不工作,在 MMI 界面重新关断、激活空调,若故障消失,则继续运营。

②检查并断合相应车的空调控制盘断路 ACCB,若故障消失,继续运营。

③通过故障车空调控制柜内的 S_1 开关,将空调控制模式由“TCMS”打在“自动”模式,若故障消失,继续运营。

④若故障未消失,通过故障车空调控制柜内的 S_1 开关,将空调控制模式打在“手动”模式,若故障消失,继续运营。

⑤若故障未消失,通过故障车空调控制柜内的 S_1 开关,将空调控制模式打在“通风”或者“采暖”模式,若故障消失,继续运营。

若有两个车及以下空调故障时,可以继续运营,但必须两空调故障车不相邻,否则运行到终点站,退出服务。

4. 列车无故休眠后无法再次唤醒

(1)断合主控端驾驶室右侧电气柜内 WUSLCB,TSKCB。

(2)在另一驾驶室唤醒列车。

(3)唤醒不了则救援。

六、信号系统故障处理

1. 出库前,信号设备检查

(1)无线(RCS)层,两端无线安全板灯位正常显示为:灭黄黄绿。

(2)HMI 显示屏,HMI 无花屏、黑屏,ATP 无冗余均正常。

2. 重启 ATP 操作

(1)断主控,切 ATP。

(2)断合故障端 ATCCB、ATPCB、RCSCB、HMICB(间隔 10s),恢复 ATP。

(3)120s 后,若两端灯位正常(灭黄、黄、绿)且 HMI 屏无异常,重启成功;120s 后,重启不成功,报行车调度员得令以 NRM 模式运行。

(4)重启成功后运行一站一区间升级 ITC/CTC 后报行车调度员继续运行,未升级,报行车调度员按令以 NRM 运行。

注:

(1)当重启 ATP 完成后,HMI 显示为 RM 模式,列车以 RM 模式运行,直至恢复正常运行。

(2)该操作必须在主控钥匙断开的情况下进行。

(3)当列车在转换轨、折返线或存车线重启 ATP,一站一区间的含义为列车从转换轨、折返线或存车线运行至站台。

(4)执行重启 ATP 的位置必须以不耽误后续列车运行为原则。

(5)列车重启 ATP 后,需再次确认两端信号设备状态正常才可继续运行。

3. 复位 ATP 操作步骤

(1)关主控,隔离 ATPFS。

(2)10s 后,恢复 ATPFS。

(3)120s 后开主控,查看 HMI 屏各显示是否正常,若异常,报行车调度员按令以 NRM 模式运行。

注:

(1)当复位 ATP 后,HMI 显示为 RM 模式,则以 RM 模式运行,在接收到推荐速度后,升级为 AM/SM 模式。

(2)该操作必须在主控钥匙断开的情况下进行。

(3)若当前情况下列车 ATPFS 已处于隔离位,则复位操作从将 ATPFS 打至正常位开始。

4. 整备作业时,无线灯位异常

报信号楼 ,按信号楼命令执行,或执行重启 ATP 操作。

5. 列车 DTRO 自动折返失败

报行车调度员,人工折返,续行。

6. HMI 显示异常[黑屏、花屏、死屏(屏幕不能点击,所有速度与距离等显示不变)、HMI 待机状态等]

ATO 能动车:

(1)ATO 驾驶并报行车调度员,维持进站。

(2)下一站开关门作业完毕,断合 HMICB(间隔 5s)后,ATO 动车。

(3)运行中判断 HMI 能否恢复正常。

(4)仍无法恢复,ATO 继续运行报行车调度员后按令执行。

ATO 无法动车:

报行车调度员,切除 ATP,以 NRM 模式运行。

注:

(1)SM 驾驶进入 300m 后出现故障,拉停列车后尝试 ATO 驾驶。

(2)如果 HMI 上有故障信息提示,优先根据故障信息对应的处理步骤处理。

(3)HMI 异常时,如仍以 AM 模式运行,列车状态参考车辆屏显示。

7. HMI 显示 RAD 打叉(无线打叉)

(1)同时产生紧急制动

①报行车调度员,缓解后凭调令以 RM 继续运行,升级后以"ITC"运行。

②根据调令在转换轨、折返线或存车线执行重启 ATP 操作。

(2)未产生紧急制动

①未紧急制动,以"ITC"运行。

②根据调令在转换轨、折返线或存车线执行重启 ATP 操作。

注:

(1)若本端无线打叉,列车在指定位置停稳后,需在本端处理完毕后,才可换端。

(2)在转换轨发生无线打叉及在存车线或折返线发生无线异常时,司机必须询问行车调度员是否就地处理,重启 ATP 后必须再次确认两端信号灯位正常。

☆附:单次列车两次紧急制动,RAD 打叉(同时出现)

单次列车两次紧急制动,且 HMI 出现 RAD 打叉:

(1)出现 ATP 冗余,则汇报行车调度员,得令切除 ATP,以 NRM 模式运行。

(2)未出现 ATP 冗余,第二次紧急制动缓解后,得令预选 ITC 模式运行。

8. ATP 打叉或 CTC 级别下 OBCU 冗余失败

(1)报行车调度员,得令后切除 ATP,以 NRM 模式运行;

(2)运行至存车/折返线,按令执行 ATP 重启操作。

注:OBCU 冗余失败表现为 OBCU 无激活端(显绿)。

9. ATO 打叉(ITC、CTC)

ATO 打叉,SM 驾驶并报行车调度员信息。

注:HMI 上出现 ATO 打叉,不能采用自动折返。

10. 运行过程中产生紧急制动,HMI 显示小红手

(1)报行车调度员,HMI 未出现“确认转换 RM 模式”框,正常缓解,续行。

(2)出现“确认转换 RM 模式”框,得令按压确认按钮,正常缓解,RM 续行。无法缓解执行以下步骤:

①若无法缓解信号紧急制动,查看有无车载信号故障信息,如有故障信息,则根据相应流程处理;

②若仍无法缓解信号紧急制动,报行车调度员,得令切除 ATP,以 NRM 模式运行。

11. 经过转换轨不能升级 CTC

(1)预选 CTC 模式经过转换轨不能升级。

(2)报行车调度员,得令就地执行 ATP 重启操作。

注:列车重启 ATP 后,需再次确认两端信号设备状态正常才可继续运行。

12. ATO 按钮失效(ITC、CTC)

(1)报行车调度员,SM 继续运行。

(2)运行一站一区间后尝试 ATO 驾驶,若故障恢复,报行车调度员,以 ATO 运行。

(3)未恢复,报行车调度员,继续以 SM 模式运行。

13. ATO 对标不准(ITC、CTC)

(1)手动对标(未到标),手动开关门,报行车调度员。

(2)后续站观察 ATO 驾驶是否在停车窗内。

(3)后续站正常,继续正常运行。

(4)后续站不正常,以 SM 模式驾驶。

注:ATO 驾驶冲出停车标时,先报行车调度员,再手动对标。

14. ATP 冗余

(1)报行车调度员,若有紧急制动,手动缓解。

(2)若在上行,做好交接;若在下行,问行车调度员是否处理。

(3)如需处理,指定位置停稳后,报行车调度员申请重启 ATP 修复冗余。

15. BTN 打叉

(1)报行车调度员,得令,列车在静止状态下修复。

(2)在 HMI 屏按“菜单”按钮,选择“按钮恢复”项,按屏幕提示步骤进行修复。

下列按钮可修复:ATO 解锁触点、ATO 起动按钮、自动折返按钮、模式升降级按钮、车门允许按钮。

(3)“激活 × ×按钮”在“ACK”区域显示,10s 内按下相应按钮。

(4)出现“按钮恢复成功”绿色边框闪烁,则该按钮被修复成功。

注:

(1)按钮恢复在一站只允许尝试 3 次。列车冗余状态下,BTN 修复不得超过 2 次。

(2)按钮激活不成功,HMI 显示闪烁的“按钮恢复失败”信息,仍显示 BTN 打叉,则以 SM 模式动车。

(3)若因多个按钮故障造成 BTN 打叉时,一次只能恢复一个按钮。

(4)“ATO 解锁触点”位于主控手柄的零位(方向手柄向前)。

附录二　城市轨道交通车辆各类空气开关（名称、位置、作用）汇总

一、车门类空气开关

车门类空气开关见附表2-1。

车门类空气开关　　附表2-1

故障现象	名称		位置	空气开关落下现象
车门无法打开(开门，灯不亮)	ZVRCB	零速断路器	第一排第5个	1. 操作端落下：开门无法打开，触发紧急制动且不能缓解、停放制动施加时会自动缓解 2. 两端同时落下：车门打开时会自动关门，且不能开门，开/关门灯都不亮，触发紧急制动且不能缓解，停放制动施加时会自动缓解（运行过程中断开此空气开关，列车不会上EB，停稳后才会施加EB）
	DRCB_L	左侧门使能断路器	第一排第14个	ATP正常时，断开后左/右侧开门灯不亮，左/右侧车门无法打开
	DRCB_R	右侧门使能断路器	第一排第15个	
	DRTCB_L	左侧门释放列车线断路器	第二排第1个	ATP正常时，断开后左/右侧开门灯不亮，开门时左/右侧车门夹花开门
	DRTCB_R	右侧门释放列车线断路器	第二排第2个	
车门无法打开（开门灯亮）	ZVRCB	零速断路器	第一排第5个	1. 操作端落下：开门无法打开，触发紧急制动且不能缓解、停放制动施加时会自动缓解 2. 两端同时落下：车门打开情况下会自动关门，且不能开门，开/关门灯都不亮，触发紧急制动且不能缓解，停放制动施加时会自动缓解（运行过程中断开此空气开关，列车不会上EB，停稳后才会施加EB）
	DOTCB_L	左侧开门列车线断路器	第一排第12个	
	DOTCB_R	右侧开门列车线断路器	第一排第13个	只对操作端有效。落下开不了左/右侧车门
车门无法关闭	DCTCB_L	左侧关门列车线断路器	第一排第10个	左/右侧车门无法关闭，对开门无影响，所有门关好，灯不亮
	DCTCB_R	右侧关门列车线断路器	第一排第11个	
	DRCB_L	左侧门使能断路器	第一排第14个	ATP正常时，断开后左/右侧开门灯不亮，左/右侧车门无法打开
	DRCB_R	右侧门使能断路器	第一排第15个	

续上表

故障现象	名　称		位置	空气开关落下现象
车门无法关闭	DRTCB_L	左侧门释放列车线断路器	第二排第1个	ATP 正常时,断开后左/右侧开门灯不亮,开门时左/右侧车门夹花开门
	DRTCB_R	右侧门释放列车线断路器	第二排第2个	
夹花开门	DRTCB_L	左侧门释放列车线断路器	第二排第1个	ATP 正常时,断开后左/右侧开门灯不亮,开门时左/右侧车门夹花开门
	DRTCB_R	右侧门释放列车线断路器	第二排第2个	
	DMC1CB_R	右侧车门控制器1	Tc:第一排第7个	MMI 显示单节车的2、6、3、7门故障显红,其他车门可正常开闭。两个同时落下时,本节车车门全部故障
			Mp:第一排第10个	
	DMC2CB_L	左侧车门控制器2	Tc:第一排第8个	MMI 显示单节车的1、5、4、8门故障显红,其他车门可正常开闭。两个同时落下时,本节车车门全部故障
			Mp:第一排第11个	
MMI 车门关好,门关好灯不亮	CLCB_L	左侧门关到位断路器	非操作端第一排第8个	非操作端断开时,操作端的右/左侧关门灯亮。开门灯亮,所有门关好,灯不亮,开/关门正常(操作端断开无影响)

二、制动类空气开关

制动类空气开关见附表2-2。

制动类空气开关　　　　附表2-2

故障现象	名　称		位置	空气开关落下现象
紧急制动	ZVRCB	零速断路器	第一排第5个	1.操作端落下:开门无法打开,触发紧急制动且不能缓解、停放制动施加时会自动缓解 2.两端同时落下:车门打开情况下会自动关门,且不能开门,开关门灯都不亮,触发紧急制动且不能缓解、停放制动施加时会自动缓解(运行过程中断开此空气开关,列车不会上 EB,停稳后才会施加 EB)
	EBCB	紧急制动控制断路器	第二排第15个	列车会施加紧急制动且无法缓解(操作的一端有效)
	EBTLCB	紧急制动列车线断路器	第三排第1个	
	CTCB	列车连挂回路断路器	第二排第4个	断开后,救援车连挂不会触发紧急制动

续上表

故障现象	名称		位置	空气开关落下现象
常用制动	MCCB	主控制器断路器	第一排第16个	现象相当于关闭主控
	BSCB	制动状态回路断路器	非操作端第四排第2个	零速时,尾端落下,推手柄8s后,上常用制动,MMI显示强迫零位,气制动施加缓解灯均不亮。 运行中尾端落下:自动限速30km/h,停下后为零速时现象,使用紧急牵引可动车限速30km/h
空压机	CMCCB	空压机起动断路器	第一排第7个	落下的一端空压机停止打风,MMI上空压机显示本端空压机为红色
停放制动	APBSCB	停放制动状态断路器	第四排第1个	零速时,尾端落下,推手柄8s后,上常用制动,MMI显示强迫零位,停放制动施加灯亮,缓解灯不亮。 运行中尾端落下:自动限速30km/h,按照停放制动故障显示不一致处理
	PBDCB	停放制动指令回路断路器	第四排第3个	落下后停放制动无法施加,即使已经施加了也会自动缓解
制动图标显红	BCECB1	Tc:第一排 第5个		落下后对应一节车的转向架显红(BCECB1对应一位端转向架),列车运行无影响
		Mp:第一排 第6个		
	BCECB2	Tc:第一排 第6个		
		Mp:第一排 第7个		

三、牵引类空气开关

牵引类空气开关见附表2-3。

牵引类空气开关 附表2-3

故障现象	名称		位置	空气开关落下现象
牵引无位移	MCCB	主控制器断路器	第一排第16个	现象相当于关闭主控
	ATCTRCB	ATC牵引允许断路器	第二排第12个	断开后推牵引,列车无位移(NRM模式无现象)
受电弓故障	PANTCB	受电弓回路断路器	第三排第9个	受电弓维持原状态无法操作,若未升弓则无法升弓,若已升弓则无法降弓
	PTCB	受电弓回路断路器	Mp:第三排第1个	断开后对应的受电弓降单弓
	KFCB	隔离开关断路器	Mp:第二排第5个	断开后降双弓

续上表

故障现象	名　称		位置	空气开关落下现象
HSCB 故障	MOCB	手动操作断路器	第三排第2个	高速断路器在合时断不开,在断时合不上,维持现状无法手动操作,此外,头灯的明暗操作开关无效
	HSCBCB	HSCB 断路器	Mp:第二排第2个	断开后单个高速断路器无法闭合
无法激活	MCCB	主控制器断路器	第一排第16个	现象相当于关闭主控
	CORCB	驾驶室激活断路器	第二排第3个	无 ATP 保护时,现象相当于关闭主控;ATP 正常时,各指示灯不亮,MMI 黑屏,HMI 显示正常(可点亮)
牵引逆变器	TICB1	牵引逆变器控制电源断路器1	Mp:第三排第6个	断开后1位端电机显红
	TICB2	牵引逆变器控制电源断路器2	Mp:第三排第7个	断开后2位端电机显红
辅助逆变器	AICB1	辅助变流器断路器	第一排第2个	断开后1位端1个辅助逆变器显红
	AIBC2	辅助变流器断路器2	第一排第3个	断开后2位端2个辅助逆变器显红
紧急牵引无效	EMTCB	紧急牵引回路断路器	第四排第4个	落下后紧急牵引无效
洗车模式无效	WMCB	洗车模式回路断路器	第四排第5个	落下,操作洗车模式开关无效

四、照明类空气开关

照明类空气开关见附表2-4。

照明类空气开关　　附表2-4

故障现象	名　称		位置	空气开关落下现象
头灯/标志灯故障	HLICB	头灯回路断路器	第三排第4个	落下的一端头灯不亮,头标亮
	TLICB	尾灯回路断路器	第三排第8个	落下的一端尾灯不亮,尾标灯亮
	HLIKCB	头灯接触器断路器	第三排第5个	落下的一端头灯与头标均不亮
	SLCB	标志灯断路器	第三排第7个	红白标志灯不亮

续上表

故障现象	名　　称		位置	空气开关落下现象
客室照明	NLCB	正常照明断路器	第三排第6个	断开后客室照明只有紧急照明
	NLCB1	正常照明断路器1	Tc:第二排第2个	单节车左/右侧正常照明无,只有应急照明。面向车门相应紧急右侧照明灯熄灭,同时落下只有紧急照明
			Mp:第二排第7个	
	NLCB2	正常照明断路器2	Tc:第二排第3个	
			Mp:第二排第8个	
	NLKCB1	正常照明接触器断路器1	Tc:第二排第4个	单节车左/右侧应急照明无。面向车门相应紧急右侧照明灯熄灭,同时落下只有紧急照明
			Mp:第二排第9个	
	NLKCB2	正常照明接触器断路器2	Tc:第二排第5个	
			Mp:第二排第10个	
	ELICB	应急灯主回路断路器	Tc:第一排第9个	单节车应急照明无。本节车的应急灯关闭
			Mp:第二排第1个	
驾驶室照明	CLICB	驾驶室灯回路断路器	第三排第3个	落下后驾驶室照明不亮。落下的一端驾驶室照明不亮

五、PIS类空气开关

PIS类空气开关见附表2-5。

PIS类空气开关　　附表2-5

故障现象	名　　称		位置	空气开关落下现象
司机对讲	DACU_CB	驾驶室对讲装置断路器	第三排第11个	落下的一端无法使用驾驶室对讲,落下的一端PIS广播盒失电
CCTV	VS_CB	视频服务器断路器	第三排第14个	落下端的CCTV监控屏无显示

续上表

<table>
<tr><th>故障现象</th><th colspan="2">名　称</th><th>位置</th><th>空气开关落下现象</th></tr>
<tr><td rowspan="3">LED 屏</td><td>FDU_CB</td><td>终点站 LED 显示屏断路器</td><td>第三排第 12 个</td><td>终点站 LED 显示屏故障</td></tr>
<tr><td rowspan="2">IDU_CB</td><td rowspan="2">贯通道 LED 显示屏断路器</td><td>Tc:一排第 10 个</td><td rowspan="2">单节车贯通道 LED 显示屏失效
本节车贯通道 LED 显示屏失效</td></tr>
<tr><td>Mp:二排第 4 个</td></tr>
<tr><td rowspan="2">LCD 屏</td><td>LCD_CB_L</td><td>左侧液晶显示屏断路器</td><td>Tc/Mp 第一排第 1 个</td><td rowspan="2">左/右侧液晶显示屏失效
本节车左/右侧全部显示屏黑屏</td></tr>
<tr><td>LCD_CB_R</td><td>右侧液晶显示屏断路器</td><td>Tc/Mp 第一排第 2 个</td></tr>
<tr><td rowspan="2">动态地图</td><td rowspan="2">MDU_CB</td><td rowspan="2">动态地图断路器</td><td>Tc:第二排第 1 个</td><td rowspan="2">本节车动态地图失效</td></tr>
<tr><td>Mp:二排第 6 个</td></tr>
<tr><td rowspan="2">乘客通话装置</td><td rowspan="2">PECU_CB</td><td rowspan="2">乘客紧急报警器断路器</td><td>Tc:第二排第 6 个</td><td rowspan="2">落下后单节车乘客紧急报警器失效,落下后乘客紧急报警器失效</td></tr>
<tr><td>Mp:第二排第 11 个</td></tr>
</table>

六、信号及其他类空气开关

信号及其他类空气开关见附表 2-6。

信号及其他类空气开关　　附表 2-6

<table>
<tr><th>故障现象</th><th colspan="2">名　称</th><th>位置</th><th>空气开关落下现象</th></tr>
<tr><td>无线打叉</td><td>RCSCB</td><td>无线电断路器</td><td>第四排第 13 个</td><td>无线打叉</td></tr>
<tr><td>HMI 黑屏</td><td>HMICB</td><td>HMI 断路器</td><td>第四排第 11 个</td><td>HMI 屏黑屏</td></tr>
<tr><td>MMI 黑屏</td><td>MMICB</td><td>MMI 断路器</td><td>第三排第 16 个</td><td>落下的一端 MMI 黑屏,恢复后 MMI 重启</td></tr>
<tr><td>灯测试无效</td><td>SICB</td><td>信号指示灯回路断路器</td><td>第二排第 8 个</td><td>只对操作端有效。落下后除左右侧开门灯亮外其余指示灯都不亮</td></tr>
<tr><td>电台故障</td><td>R_HOST_CB</td><td>无线电车载台主机断路器</td><td>第三排第 13 个</td><td>无线电车载台主机故障</td></tr>
<tr><td>无法唤醒</td><td>WUSLCB</td><td>唤醒和睡眠回路断路器</td><td>第二排第 11 个</td><td>操作端落下,列车可睡眠但不可唤醒</td></tr>
</table>

续上表

故障现象	名　　称		位置	空气开关落下现象
刮水器故障	WWCB	刮水器回路断路器	第二排第13个	落下的一端刮水器不工作
足部加热器	FHCB	足部加热断路器	第一排第1个	断开后落下的一端足部加热器失效
除霜器	DWCB	除霜回路断路器	第二排第5个	断开后落下的一端除霜器失效
喇叭不响	HCB	汽笛回路断路器	第二排第6个	落下的一端按喇叭不响
轮缘润滑	WFLCB	轮缘润滑断路器	第二排第10个	轮缘润滑装置失效
VCU故障灯亮	SKSCB1	SKS断路器1	第四排第7个	1.本端落:VCU故障指示灯会亮,HSCB会断开。MMI黑屏3s后再恢复,会施加EB且无法缓解,受电弓状态指示不亮。 2.后端落:后端VCU故障指示灯会亮,操作端VCU故障指示灯正常,受电弓指示灯正常HSCB会断开,闭合高断后可续行

附录三　缩略词中英文对照表

英　文	缩　写	中　文
Variable Voltage and Variable Frequency	VVVF	牵引逆变器
Train Control and Manage System	TCMS	列车控制管理系统
Man Machine Interface	MMI	司机显示屏
Direct Current	DC	直流电
Gate Drive Unit	GDU	门极驱动单元
Insulated Gate Bipolar Transistor	IGBT	绝缘栅双极型晶体管
Human Machine Interface	HMI	人机界面
Cab Right Electrical Cabinet	CREC	驾驶室右电气柜
Emergency Mode Traction Switch	EMTS	紧急牵引模式开关
Operating Control Center	OCC	地铁运营控制中心
Electronic Brake Control Unit	EBCU	电子制动控制单元
Vehicle Control Unit	VCU	车辆控制单元
Alternating Current	AC	交流电
Static Inverter	SIV	静止逆变器
Multifunction Vehicle Bus	MVB	多功能车辆总线
Depot Control Center	DCC	车辆段控制中心
Train Control and Management System	TCMS	列车监督控制系统
Door Control Unit	DCU	车门控制单元
Restricted Manual	RM	限制人工驾驶
High Speed Circuit Breaker	HSCB	高速断路器
Miniature Circuit Breaker	MCB	微型断路器
Train Command Centre	TCC	轨道交通指挥中心
Automatic Train Protection	ATP	列车自动防护
Automatic Train Operation	ATO	列车自动驾驶
Main Reservoir	MRE	主风缸
Train Control System	TCU	牵引控制单元
Emergency Braking Circuit Breaker	EBCB	紧急制动断路器
Automatic Train Protection	ATP	列车自动防护
Gateway Valve	GV	网关阀
Smart Valve	SV	智能阀
Electronic Door Control Unit	EDCU	电子门控单元
Service Brake	SB	常用制动
Emergency Brake	EB	紧急制动
Wheel Slide Protection	WSP	车轮防滑保护
RIO Valve	RIO 阀	远程输入/输出阀
Controller Area Network	CAN	现场总线
Brake Supply Reservoir	BSR	制动风缸

参 考 文 献

[1] 张立常,康鹏.城市轨道交通车辆电路分析与电气故障处理[M].北京:机械工业出版社,2012.

[2] 毛昱洁,刘宏晨.城市轨道交通电动列车故障应急处理[M].北京:人民交通出版社股份有限公司,2015.

[3] 曾青中,韩增盛.城市轨道交通车辆[M].成都:西南交通大学出版社,2006.

[4] 刘敏.城市轨道交通车辆电气设备检修[M].北京:人民交通出版社股份有限公司,2015.

[5] 史富强,祁国俊.城市轨道交通车辆构造[M].重庆:重庆大学出版社,2013.

[6] 李建国.城市轨道交通系统概论[M].北京:机械工业出版社,2013.

[7] 陈志璎.深圳地铁车辆车钩连挂解钩故障原因分析及解决措施[J].电力机车与城市轨道交通车辆,2008(4).

参考文献